NATIONAL GEOGRAPHIC KiDS

Igitt!

So, herrlich eklig fressen, wohnen und verteidigen sich Tiere

MELISSA STEWART

NATIONAL GEOGRAPHIC

INHALTSVERZEICHNIS

EKELHAFTE BAUTEN 40

EKELHAFTE VERTEIDIGUNG 70

EINLEITUNG

SAGE NICHT VOREILIG: „IGITT, IST DAS EKLIG!"

KOT FRESSEN. EIN HAUS AUS SPUCKE BAUEN. FEINDE MIT BLUT BESPRITZEN. Oft klingt das, was Tiere so tun, für uns schockierend. Schließlich haben wir Menschen Toiletten und Toilettenpapier erfunden, damit wir uns so schnell wie möglich grober, klebriger und stinkender Dinge entledigen können und nicht mehr darüber nachdenken müssen. Tiere aber sind da ganz anders und tun Dinge, die wir einfach nur ekelhaft finden: Sie ernähren sich von Kot, Erbrochenem oder abgeschnittenen Fingernägeln. Um sich vor Raubtieren zu schützen, schleudern sie mit Kot oder bespritzen ihre Feinde mit Blut. Ja, das stimmt wirklich!
Macht dich das neugierig? Dann bist du hier genau richtig! Dieses Buch steckt voller widerlicher Details. Blätter also um und beginne zu lesen!

WENN DU …

ein Pandababy wärest, würdest du **DEN WARMEN, STINKENDEN KOT DEINER MAMA ESSEN.**

WENN DU ...

eine Weißnestsalangane wärest, würdest du auf der Stelle losspucken, **UM DIR EIN NEST AUS KLEBRIGEN FÄDEN GETROCKNETER SPUCKE ZU BAUEN.**

WENN DU ...

eine Texas-Krötenechse wärest, könntest du einen Kumpel auf dem Schulhof erschrecken, **INDEM DU BLUT AUS DEN AUGEN SPRITZT.** Kurz zielen und ... *Schuss!*

EKELHAFTE SPEISEN

DU GLAUBST NICHT, WAS MANCHE TIERE FRESSEN

Eine Honigbiene mit einem Nektartropfen

FLORIDA-WALD-KANINCHEN

DIESE EKLIGEN KANINCHEN

FLORIDA-WALDKANINCHEN SEHEN ZWAR SÜSS und kuschelig aus, aber sie fressen ihren eigenen Kot. Sie ernähren sich vor allem von Gras, das allerdings sehr schwer verdaulich ist. So scheiden sie einmal am Tag sogenannte Caecotrophe – weiche, glänzende Köttel aus halb verdauter Nahrung – aus.

Ein Kaninchen kann diesen Kötteln nicht widerstehen. Es verschlingt sie, solange sie noch warm sind. Iiii!

Während die Caecotrophe durch das Verdauungssystem wandern, erhalten die Darmbakterien eine zweite Möglichkeit, das Gras zu verdauen und wichtige Nährstoffe aufzunehmen. Die harten Köttel, die das Kaninchen daraufhin ausscheidet, frisst es allerdings nicht.

STECKBRIEF

Habitat: Grasland und lichte Wälder

Größe: 35–50 cm

Gewicht: 800 g–2 kg

Fressfeinde: Schlangen, Kojoten, Pumas, Füchse, Wiesel, Adler, Falken, Eulen

Lebensspanne: 5 Jahre

Was würdest du tun, wenn deine Zähne ununterbrochen wüchsen? Kaninchen nagen an Rinden und Zweigen, damit ihre Zähne nicht außer Kontrolle geraten.

🤔 Zwei Arten von Zähnen

Schnipp, schnipp, schnapp. Ein Kaninchen fasst und schneidet Pflanzenteile mit seinen Schneidezähnen – lange Vorderzähne, die immer wachsen. Das kuschelige Tierchen hat auch breite, flache Backenzähne. Mit ihnen zermahlt es die Nahrung vor dem Schlucken.

Capybara

EXTRAFIES!

Nicht nur Kaninchen fressen Caecotrophe. Auch Meerschweinchen, Hasen und Capybaras fressen sie.

EIN KANINCHEN FRISST JEDEN CAECOTROPH. Durch die doppelte Verdauung wird das Kaninchen zusätzlich mit lebenswichtigen Vitaminen, Mineralien, Proteinen und Zuckern versorgt.

GROSSER PANDA

ES BLEIBT IN DER FAMILIE

EIN PANDAWEIBCHEN bringt ihr Junges in einer Höhle oder einem hohlen Baumstamm zur Welt. Dort bleiben Mutter und Kind bis zu vier Monate. Durch die Muttermilch erhält das Junge alles, was es zum Wachsen benötigt. Bevor es feste Nahrung zu sich nehmen kann, muss es den Kot seiner Mutter fressen. Doch warum? Kot steckt voller Bakterien, die der Babypanda benötigt, um Bambus verdauen zu können. Doch auch Mutter Panda frisst den Mist. Während das Kleine kackt oder pinkelt, leckt die Mutter seinen Hintern und schluckt die stinkenden Exkremente ihres Babys, um zu verhindern, dass der Geruch einen hungrigen Schneeleoparden anlockt.

STECKBRIEF

Habitat: Bambuswälder

Größe: 1,80 m

Gewicht: 115 kg

Fressfeinde: Schakale, Schneeleoparden, Fichtenmarder

Lebensspanne: 20 Jahre

Ein großer Panda **BEGINNT MIT ETWA 6 MONATEN, BAMBUS ZU FRESSEN,** und bleibt etwa 2 Jahre bei seiner Mutter.

Was ist das für ein Geräusch?

Riesenpandas leben in dichten Wäldern, sodass sie einander oft nicht sehen können. Wie bleiben sie in Kontakt? Sie rufen, bellen, stöhnen, schnauben, knurren und quietschen, um andere Pandas wissen zu lassen, wo sie sind, was sie tun und wie sie sich fühlen.

Ein neugeborener Panda ist winzig. Seine Augen sind geschlossen. Das Junge hat weder Zähne noch Fell. Will es die Aufmerksamkeit seiner Mutter, wimmert es.

EXTRAFIES!

Die meisten Säugetiere produzieren braunen Kot – genau wie du. Aber die Ausscheidungen eines Riesenpandas sind grün und fadenziehend. Warum sehen sie dem Bambus, den der Panda frisst, noch so ähnlich? Weil ein Panda die zähen Pflanzen nicht vollständig verdauen kann.

ROT GEFLECKTER LILA ADMIRAL

DAS ESSEN SCHLÜRFEN

VIELE SCHMETTERLINGE FRESSEN NUR EINES: Blütennektar. Sie können nicht genug von dem süßen Zeug bekommen. Aber der rot gefleckte lila Admiral bevorzugt eine andere Nahrung – und ist damit nicht allein. Mindestens sieben Schmetterlingsarten schlürfen Säfte aus fauligen Früchten, Tierkot und -kadavern. Igitt! Warum wählen Schmetterlinge eine so kuriose Küche? Da die Säfte sehr nährstoffreich sind, sorgen sie für die Gesunderhaltung der Schmetterlinge. Die Wissenschaft vermutet, dass die Weibchen nur dann Eier produzieren können, wenn sie diese abscheulichen Leckereien aufgesaugt haben.

STECKBRIEF

Habitat: Lichte Wälder, Waldränder

Größe: 7–8 cm

Gewicht: weniger als 30 g

Fressfeinde: Vögel, Frösche, Eidechsen, Spinnen

Lebensspanne: weniger als 1 Jahr

Ein rot gefleckter lila Admiral **SCHLÜRFT DEN SAFT AUS EINER VERFAULTEN KAKI.** Dazu nutzt er seinen Saugrüssel wie einen Trinkhalm. Sobald die Mahlzeit beendet ist, fährt er sein Mega-Mundstück ein und flattert davon.

Eine ausgewachsene Admiralsraupe wiegt etwa 1 000-mal mehr als zum Zeitpunkt des Schlüpfens.

🤔 Als Dung verkleidet

Die Raupe des Admirals frisst keinen Dung, aber sie sieht genauso aus wie dieses stinkende Zeug. Die eklige Verkleidung schützt die kleine Larve vor hungrigen Vögeln.

Währenddessen frisst die Raupe Blätter und wächst. Schließlich spaltet sich ihr hartes Exoskelett auf und die Larve kommt heraus. Was macht sie als Nächstes? Sie frisst und wächst weiter, bis sie etwa viermal so groß ist, bevor sie schließlich zur Puppe wird.

🤢 EXTRAFIES!

Du glaubst ja nicht, was manche Schmetterlinge fressen. Ihre flüssige Nahrung kann von Kot und Blut bis zu Tränen und Schweiß alles umfassen. Einige schlürfen sogar ihren eigenen Urin. Lecker!

Schmetterling saugt Kot aus.

TRUTHAHN-GEIER

NÜTZLICHER KOPF

KÖNNTE EIN TRUTHAHNGEIER einen Schönheitswettbewerb gewinnen? Ganz sicher nicht. Aber seine hässliche Glatze ist beim Fressen recht praktisch. Zunächst arbeiten die Supersensoren in den Nasenlöchern des Vogels mit dessen Gehirn zusammen, um winzige Mengen an Ethanthiol, einem Gas, das beim Fäulnisprozess von Tierleichen entsteht, aufzuspüren. Während ein Truthahngeier hoch über dem Boden fliegt, nimmt er das stinkende Gas, das ihm seine nächste Mahlzeit verspricht, sofort wahr. Frisst er den Kadaver dann, kann er seinen ganzen Kopf hineinstecken, um an die köstlichen Fleischstücke zu gelangen. Das klebrige, stinkende Fleisch würde an Federn haften bleiben, aber es gleitet direkt von seiner Glatze ab. So bleibt der Truthahngeier sauber.

STECKBRIEF

Habitat: Offene Wälder, Buschland, Grasland, Wüsten

Größe: 65–80 cm

Gewicht: 1–2,5 kg

Fressfeinde: Stinktiere, Eulen, Waschbären, Falken, Rotluchse, Schlangen

Lebensspanne: 16 Jahre

Der weiße Strich auf dem Bein des Truthahngeiers ist Harnsäure, eine Chemikalie in seinen Ausscheidungen.

Cool bleiben

An heißen Tagen kühlst du deinen Körper durch Schwitzen ab. Ein Hund bekämpft die Hitze, indem er hechelt. Was macht ein Truthahngeier? Er entleert sich – auf seine Beine. Klingt eklig, oder? Aber menschlicher Schweiß, Hundespeichel und Geierkot haben eines gemeinsam: Sie enthalten Wasser. Dieses verdunstet, wodurch unser Körper einen Teil seiner Wärme abgibt.

Ein Truthahngeier hat **EINEN BESSEREN GERUCHSSINN ALS JEDER ANDERE RAUBVOGEL.** Meist findet er das Aas als Erster und die anderen Raubvögel folgen ihm zum Festmahl.

EXTRAFIES!

Fühlt sich der Truthahngeier während des Fressens bedroht, erbricht er alles – manchmal direkt in den Kadaver. Dadurch verringert sich sein Körpergewicht und er kann schneller wegfliegen.

SCHABRACKEN-SCHAKAL

ERBROCHENES FRESSEN

EINES IST SICHER: Schabrackenschakale sind nicht wählerisch. Sie erbeuten alles, von Ratten und Schlangen bis hin zu Vögeln und Insekten. Sie fressen aber auch Obst.

Doch das ist nicht alles. Schakale lassen nichts verkommen. Sie freuen sich über Fleisch, das Löwen, Leoparden und andere Raubtiere übrig lassen – auch wenn es von Maden wimmelt und seit Tagen verwest.

Wenn eine Schakalmutter so satt ist, dass sie keinen weiteren Bissen fressen kann, eilt sie zurück zu ihrer Höhle. Vor ihren hungrigen Welpen erbricht sie ihre letzte Mahlzeit als halb verdauten Brei. Gierig lecken die Kleinen die faulige Kotze auf. *Lecker*!

STECKBRIEF

Habitat: Waldland, Savanne

Größe: 40–50 cm Schulterhöhe

Gewicht: 7–14 kg

Fressfeinde: Leoparden, Hyänen, Adler

Lebensspanne: 10–12 Jahre

Schabrackenschakale werfen meist drei bis vier Welpen, die von beiden Eltern und älteren Geschwistern gefüttert werden.

🤔 Warum erbrechen?

Viele Tiere erbrechen für ihre Jungen. Warum nehmen Wölfe, Füchse, Zwergmäuse und viele Vogelarten diese Mühe auf sich? Es macht Sinn, wenn:

1. die Beute zu groß ist, um sie ins Nest zu bringen,
2. Raubtiere das Futter aus dem Maul der Eltern stehlen könnten.

EXTRAFIES!

Hast du schon den roten Fleck an der Schnabelspitze einiger Möwen gesehen? Sobald die Küken an diese Stelle picken, erbrechen die Eltern ihre letzte Mahlzeit.

Die Schakalwelpen **FRESSEN DAS ERBROCHENE** der Mutter, **BIS SIE ETWA SECHS MONATE ALT SIND.**

GIRAFFEN-GAZELLEN

IMMER WIEDER GEKAUT

WENN DU DEIN ESSEN SCHLUCKST, ist es endgültig weg. Die Nahrung einer Giraffengazelle aber vollführt einen wilden Ritt, während der Körper sie verdaut. Alles, was sie frisst, steigt zwei-, drei-, vielleicht sogar viermal wieder auf. Jedes Mal kaut das Tier ein bisschen mehr auf seiner halb verdauten Nahrung.

Sie wird erneut geschluckt und die Bakterien, die in den ersten beiden Magenkammern leben, erhalten eine weitere Chance, die Nahrung zu verdauen, damit die Nährstoffe in das Blut des Tieres gelangen können.

Schließlich bewegt sich der matschige Brei durch die dritte und vierte Magenkammer und erreicht den Darm, der noch mehr Nährstoffe aufspaltet. Dann werden die klumpigen Reste durch den Anus der Gazelle ausgeschieden. Ja, erst dann ist es wirklich Kot.

STECKBRIEF

Habitat: halbtrockenes Buschland

Größe: etwa 1,50 m

Gewicht: 50 kg

Fressfeinde: Geparden, Leoparden, Löwen, Hyänen, Schakale

Lebensspanne: bis zu 8 Jahren

Ein genialer Trick!

Eine Giraffengazelle hat eine Schulterhöhe von nur 1 m, kann aber dank ihres langen Halses und auf den Hinterbeinen stehend, leckere Blätter erreichen, die mehr als 2 m über dem Boden wachsen.

Weibliche Gazellen leben und fressen gemeinsam in kleinen Gruppen.

Viele Bäume und Büsche, von denen eine Antilope frisst, sind mit scharfen, stacheligen Dornen bedeckt. Daher ist **IHR MAUL KLEIN, SCHMAL UND SPITZ**, sodass sie sich nicht sticht, wenn sie die zarten Blätter von den Pflanzen pflückt.

EXTRAFIES!

Denk nun bloß nicht, Gazellen seien die einzigen Wiederkäuer der Welt! Auch Rinder, Ziegen, Schafe und Hirsche sind Wiederkäuer, Büffel, Gnus und Giraffen auch. Tatsächlich kauen mehr als 150 Säugetierarten ihr Fressen mehrmals.

Streifengnu

HONIGBIENE

WAS IST IN DEINEM HONIG?

DU WEISST BESTIMMT, DASS HONIGBIENEN süßen, klebrigen Honig produzieren. Aber weißt du auch, wie? Nun, du wirst es gleich erfahren:

1. Eine Feldbiene saugt den dünnflüssigen Nektar aus den Blumen auf und lagert ihn in ihrem Honigsack.
2. Zurück im Bienenstock würgt die Feldbiene den Nektar aus und eine Hausbiene saugt ihn in ihren Honigsack. Nach und nach erbricht sie das zuckerhaltige Zeug, rollt es in ihrem Mund herum und vermischt es so mit ihrem Speichel. Der Nektar erwärmt und verdickt sich.
3. Nachdem die Hausbiene die Mischung in die Wabenzellen des Bienenstocks verteilt hat, fächern ihre Schwestern den Zellen mit ihren Flügeln Luft zu. Das Wasser verdunstet und die Flüssigkeit wird noch dickflüssiger.
4. Nach etwa fünf Tagen können die Bienen den Honig fressen. Er ist nahrhaft und lecker!

STECKBRIEF

Habitat: Felder, Wälder, Gärten

Größe: Arbeitsbienen: 1,3 cm, Königin: 2 cm

Gewicht: 8,5 g

Fressfeinde: Vögel, Bären, Opossums, Waschbären, Honigdachse, Stinktiere

Lebensspanne: Arbeitsbienen 6 Wochen, Königin bis zu 5 Jahre

Einige Bienenarten sterben im Herbst. Honigbienen aber überwintern im Bienenstock. Sie schlemmen Honig und zittern, um sich warm zu halten.

Die Biene **LAGERT NEKTAR-TROPFEN WIE DIESEN IN IHREM HONIG-SACK**, der den Nektar von etwa 100 Blüten aufnehmen kann. Sie sammelt täglich etwa 10 Ladungen Nektar.

🤔 Spuck-takulär!

Bienenspeichel ist ein wichtiger Honigbestandteil. Er zerlegt den Zucker im Nektar und erleichtert den Bienen – und uns – die Verdauung des Honigs. Außerdem macht sie den Honig haltbar. Dies ist wichtig, da Honigbienen im Winter keinen Nektar sammeln können.

EXTRAFIES!

Was hat ein Bogenschützenfisch mit Honigbienen gemeinsam? Speichel ist ein Teil ihrer Mahlzeit. Der hungrige Jäger spuckt auf Insekten und stößt sie ins Wasser. Dann schwimmt er über sie und ... *schnapp!*

PERLEN-FLORFLIEGEN

GIFTIGE SCHÄTZE

EINE PERLEN-FLORFLIEGENLARVE MAG WINZIG SEIN, aber sie hat einen gigantischen Appetit. Und sie hat eine böse Waffe, mit der sie ihre Lieblingsbeute, die 35-mal schwereren Termiten, locker besiegen kann. Sobald die kleine Larve Hunger hat, dreht sie dem Kopf eines potenziellen Opfers ihr Hinterteil zu und lässt einen fahren. Ja – sie furzt. Die giftigen Gase betäuben die Termite. In weniger als drei Minuten kippt sie auf den Rücken.

Während sie sich noch bemüht, sich aufzurichten, krabbelt die Larve auf sie, stößt ihre Kieferzangen in das Opfer und injiziert ihm Verdauungssäfte. Dann wartet sie, bis sich die Eingeweide der Termite in Brei verwandelt haben, und schlürft sie auf.

STECKBRIEF

Habitat: Wälder, Holzgebäude

Größe: 8 mm

Gewicht: 0,6 g

Fressfeinde: Vögel, Fledermäuse, große Insekten

Lebensspanne: 3 Monate

Eine Florfliegenlarve **TRÄGT OFT GRAS, KIES, LEERE PUPPENHÜLLEN UND ANDERES AUF IHREM RÜCKEN**, um sich vor Raubtieren zu tarnen, während sie Gelbfüßige Bodentermiten jagt.

Florfliegenlarven sind grausame Jäger, doch ausgewachsene Florfliegen leben nur von Pflanzensäften, die sie mit ihren Saugrüsseln aufsaugen.

Tödlicher Furz

Perlen-Florfliegen legen ihre Eier auf Holz, das von Termiten befallen ist. Wenn die Larven schlüpfen, kriechen sie durch Risse und Spalten, bis sie die Termiten finden. Dann beginnt die Jagd.

Eine Larvengasladung genügt, um sechs Termiten zu lähmen. Wenn der hungrige Jäger nicht alle Termiten frisst, sterben die gelähmten Opfer etwa drei Stunden später. Das ist wahrlich ein tödlicher Furz!

EXTRAFIES!

Die Larven der Perlen-Florfliegen mögen für ihre giftigen Fürze berühmt sein, aber Termiten können locker mithalten. Alle Termiten auf der Erde lassen mehr als 20 Millionen Tonnen Gas pro Jahr fahren! Das Fressen von Holz macht sie zu kleinen Furzfabriken.

VAMPIR-FLEDERMAUS

VERRÜCKT NACH BLUT

ES IST SCHWER VORSTELLBAR, sich nur von Blut zu ernähren, aber eine Vampirfledermaus stört das kein bisschen. Für den pelzigen Flieger ist Blut das Größte.

Mit ihren messerscharfen Zähnen schlitzt die Fledermaus ihre Beute auf. Dann saugt sie etwa 20 Minuten lang das Blut aus. Derweil trinkt der kleine Blutsauger etwa sechs Teelöffel (30 ml) Blut. Das scheint nicht viel zu sein, entspricht allerdings der Hälfte ihres Körpergewichts! All das zusätzliche Körpergewicht würde ihr das Fliegen erschweren. Daher beginnt die Fledermaus bereits während des Trinkens zu urinieren.

STECKBRIEF

Habitat: Höhlen in Regenwäldern und Wüsten

Größe: 9 cm

Gewicht: 60 g

Fressfeinde: Adler, Falken

Lebensspanne: 12 Jahre

Fledermaus-Freundschaften

Vampirfledermäuse können nicht länger als ein oder zwei Tage ohne Futter auskommen. Was also macht ein glückloser Jäger? Er leckt Lippen und Fell eines Artgenossen. Und sein Kumpel reagiert, indem er einen Teil seiner letzten Blutmahlzeit in den Mund der hungernden Fledermaus erbricht.

Vampirfledermäuse schlafen oder ruhen meist in hohlen Bäumen oder Höhlen. Je häufiger zwei Fledermäuse gemeinsam ruhen, desto eher werden sie ihr Fressen teilen.

EXTRAFIES!

Auf der Erde leben viele kleine Blutsauger: Mücken, Bettwanzen und Läuse. Auch die meisten Zeckenarten ernähren sich von Blut. Eine Art lebt in den Höhlen Puerto Ricos und Kubas. Die Jungtiere saugen gierig das Blut von … Fledermäusen!

Drei Vampirfledermausarten ernähren sich von Blut. Die gemeine Vampirfledermaus **GREIFT KÜHE, PFERDE UND SCHWEINE AN**. Haarige Vampire und weißflügelige Vampire bevorzugen Vogelblut.

ROTSCHNABEL-MADENHACKER

FREUND ODER FEIND?

JAHRELANG DACHTE MAN, ROTSCHNABEL-MADENHACKER täten Gnus, Nashörnern und anderen großen afrikanischen Säugetieren einen Gefallen, wenn sie störende Zecken aus ihrer Haut reißen. Aber jetzt wissen wir es besser.

Es stellte sich heraus, dass ein Madenhacker die Zecken erst dann angreift, wenn sie vor Blut schon fast platzen. Damit ist dem Säugetier nicht geholfen! Warum fressen sie die Zecken nicht früher? Weil sie Blut wollen – keine Zecken. Und sie versuchen alles, um an ihr Lieblingsessen zu kommen. Dazu picken sie auch in die Wunden des Säugetiers, damit diese weiterbluten. Ganz schön gemein!

STECKBRIEF

Habitat: Savannen

Größe: 20 cm

Gewicht: 60 g

Fressfeinde: keine

Lebensspanne: 15 Jahre

Ein Rotschnabel-Madenhacker im Krüger-Nationalpark in Südafrika **KNABBERT AN EINER MIT BLUT GEFÜLLTEN ZECKE.**

Ein Baumloch-Haus

Rotschnabel-Madenhacker reiten einen Großteil ihrer Zeit auf großen Säugetieren, ihr Nest aber bauen sie in einem Baumloch. Damit es schön kuschelig wird, kleiden sie es mit den Haaren ihrer Säugetierwirte aus.

Sobald das Weibchen die Eier gelegt hat, sorgen die stolzen Eltern gemeinsam für ihr Gelege. Sind die Küken geschlüpft, füttern und beschützen sie die Kleinen abwechselnd.

EXTRAFIES!

Was fressen diese Vögel, wenn Blut knapp ist? Sie klettern in das Ohr eines Säugetiers und naschen an dessen Ohrenschmalz. Außerdem fressen sie Spucke, Rotz und Schuppen.

BUCKEL-FLIEGE

MHM! GEHIRNE!

EINE BUCKELFLIEGE MAG HARMLOS AUSSEHEN, aber für Feuerameisen ist sie ein Albtraum. Das Fliegenweibchen landet auf dem Rücken einer Feuerameise und injiziert ein einzelnes Ei in ihren Körper. Die ahnungslose Ameise fühlt nichts. Am nächsten Tag schlüpft eine winzige Made. Sie kriecht zum Ameisenkopf und beginnt zu fressen. Zunächst schlürft sie die Flüssigkeiten. Dann verschlingt sie Muskel- und Nervengewebe. Schließlich frisst sie das Gehirn.

Die hirnlose Ameise wandert bis zu zwei Wochen – wie ein Zombie – ziellos umher. Dann fällt der Kopf ab, die Larve lässt sich darin nieder, wirft ihr Exoskelett ab und wird zur Puppe. Ungefähr zwei Wochen später taucht eine ausgewachsene Fliege auf und macht sich auf die Suche nach einem Partner.

STECKBRIEF

Habitat: verschiedene

Größe: 2,5 mm

Gewicht: 25 g

Fressfeinde: unbekannt

Lebensspanne: 7 Wochen

Diese Buckelfliege **SUCHT NACH DEM PERFEKTEN ABLAGEORT FÜR IHR EI.** Welche Ameise wird sie wählen?

Weglaufen?

Wie andere Fliegen auch ist die Buckelfliege eine wahre Flugakrobatin. Sie kann nach oben, unten und sogar rückwärts fliegen. Doch bei Gefahr verhält sie sich absolut überraschend. Anstatt in die Luft zu entkommen, huscht oder rennt sie mit ruckartigen Bewegungen davon.

Der Tatsache, dass ihr Brustkorb auf dem Rücken zu sitzen scheint, verdankt die Buckelfliege ihren Namen.

EXTRAFIES!

Die auf Feuerameisen spezialisierten Buckelfliegen gehören zu den Phoridenfliegen. Andere Phoridenfliegen zielen auf Wespen, Bienen, Regenwürmer, Schnecken, Spinnen und Tausendfüßler. Es gibt also viele echte Zombies!

DEUTSCHE SCHABE

AUF NÄGELN KAUEN

EINE DEUTSCHE SCHABE IST BEIM FRESSEN NICHT WÄHLERISCH. Gierig verschlingt sie alle Arten von Maden. Kekskrümel unter dem Sofakissen? Gemüseschalen im Mülleimer? Verschüttetes Hundetrockenfutter im Schrank? Eine schimmelige Fritte unter dem Ofen? Sie probiert einfach alles. Aber damit hören die Vorlieben der Schabe nicht auf. Sind Essensreste nicht zu finden, werden die lästigen Schädlinge kreativ. Sie verspeisen Papier, Holz, Leder und Tapetenkleister. Sie fressen Seife, Make-up und gebrauchte Taschentücher. Und ja, es stimmt, sie kauen sogar auf abgeschnittenen Fingernägeln auf dem Badezimmerboden. Das ist widerlich!

STECKBRIEF

Habitat: dunkle Ecken und Spalten in Gebäuden

Größe: 1–1,5 cm

Gewicht: unbekannt

Fressfeinde: Frösche, Eidechsen

Lebensspanne: weniger als 1 Jahr

Der Kopf ist ab!

Was passiert mit einer Schabe, wenn sie den Kopf verliert? Nicht viel.

Eine Schabe steuert viele Körperfunktionen, durch Nerven im Brustkorb und nicht im Gehirn. Durch winzige Löcher an den Körperseiten nimmt sie Sauerstoff auf. Kein Essen, kein Problem – zumindest für eine Weile.

Also, was geschieht nun mit dem enthaupteten Käfer? Nach etwa einer Woche trocknet er aus. Ohne Mund kann er nicht trinken.

Eine Schabe hat 10 Tracheen – Löcher, die Sauerstoff aufnehmen – an ihren Körperseiten. Hier sind fünf zu sehen.

Schaben leben seit mehr als 140 Millionen Jahren auf der Erde. Was ist ihr Erfolgsgeheimnis? **SIE FRESSEN NICHT NUR ALLES**, sie kommen auch wochenlang ohne Nahrung aus.

EXTRAFIES!

Würden Schaben auch an Fingernägeln knabbern, die noch nicht abgeschnitten sind? Ja, wenn es viele Schaben und wenig Futter gibt. Früher trugen Seeleute auf langen Reisen manchmal Handschuhe im Bett, damit hungrige Schaben im Schlaf nicht an ihren Nägeln nagten. Sicher ist sicher.

SCHLEICHEN-LURCH

AN MAMA KNABBERN

HAST DU SCHON MAL DIE HAUT eines gebratenen Hähnchens gegessen? Ist ziemlich lecker, oder? Stell dir jetzt vor, du würdest deiner Mutter die Haut vom Bauch reißen und sie verschlingen!

Genau das tun kleine Schleichenlurche. Das Weibchen legt die Eier in ein unterirdisches Nest und wickelt ihren Körper darüber. Wenn die Kleinen schlüpfen, trinken sie abwechselnd die klare Flüssigkeit, die aus ihrem Hintern sickert.

Alle paar Tage krabbeln die Jungtiere über den Körper ihrer Mutter, kratzen die Haut mit ihren winzigen Zähnen ab und schlucken sie herunter. Es wächst eine neue Schicht fettiger, nahrhafter Haut und die Jungen wiederholen ihren Amoklauf.

STECKBRIEF

Habitat: tropische Regenwälder

Größe: 15–18 cm

Gewicht: 3 g

Fressfeinde: unbekannt

Lebensspanne: 13 Jahre

Es gibt etwa 200 verschiedene Lurcharten. Die meisten von ihnen sehen aus wie diese. Alle paar Tage zerreißen junge Lurche **DIE HAUT IHRER MUTTER MIT IHREN 44 WINZIGEN ZÄHNEN.**

Regenwürmer sind das Lieblingsessen der Lurche. Die seltsamen Amphibien fressen auch Termiten, Grillen und Ameisen.

🤔 Auf der Jagd

Ein Junges lebt etwa einen Monat von seiner Mutter, dann beginnt es, selbst zu jagen. Sobald ein Regenwurm in die Höhle lugt, packt der hungrige Jäger die Beute mit den Zähnen. Dann dreht er sich im Kreis, um den gesamten Körper des Wurms in seinen Bau zu ziehen, bevor die Beute entkommen kann. Was für ein toller Trick!

🤢 EXTRAFIES!

Frösche und Salamander sind enge Verwandte des Schleichenlurchs. Wenn ein Frosch seine Haut abwirft, zieht er sie über seinen Kopf, als würde er einen Pullover ausziehen. Dann steckt er die alte Haut in den Mund und schluckt sie herunter.

SCHWARZE SPITZE-WEBERSPINNE

BIS ZUM LETZTEN TROPFEN

DIE MEISTEN SPINNENWEIBCHEN legen ihre Eier und gehen weg. Doch die Schwarze Spitze-Weberspinne tut alles, damit ihre Kinder überleben.

Sobald die klitzekleinen Spinnen geschlüpft sind, legt sie Dutzende von speziellen Eiern, um sie zu ernähren. Nach etwa einer Woche sind die Eier weg. Dann bringt die Mutterspinne ihr letzes Opfer.

Sie tippt an ihr Netz, um die Aufmerksamkeit ihrer Kinder zu erregen. Sobald sie in ihre Richtung huschen, bietet sie ihnen ihren Körper an und der Jagdtrieb der Jungen erwacht.

Sie greifen ihre Mutter an und fressen sie bei lebendigem Leib, wobei sie ihr den letzten Tropfen Flüssigkeit aus ihrem Körper saugen.

STECKBRIEF

Habitat: Felder, Wälder, Keller

Größe: 1,5 cm

Gewicht: unbekannt

Fressfeinde: Vögel, große Insekten

Lebensspanne: unbekannt

Diese weibliche Weberspinne **BEWACHT IHRE ZWEI WOCHEN ALTEN JUNGEN.** Bald wird sie sich ihnen opfern.

Das Weibchen der Schwarze Spitze-Weberspinne spinnt ein Netz wie dieses. Nach ihrem Tod bleiben die Jungen noch etwa einen Monat in diesem Netz. Danach sind sie alt genug, um alleine zu überleben.

Teamarbeit

Was tun die jungen Weberspinnen, nachdem sie ihre Mutter verschlungen haben? Sie halten zusammen. Sie jagen im Team, um große Insekten zu erbeuten. Wenn sie Gefahr spüren, bündeln sie ihre Kräfte und schütteln ihr Netz. Die Bewegung schreckt Raubtiere ab, die einem Spinnensnack nicht abgeneigt gewesen wären.

EXTRAFIES!

Frisch geschlüpfte Wüstensandspinnen ernähren sich sofort von ihrer Mutter. Zuerst schlürfen sie das teilweise verdaute Essen aus ihrem Magen. Dann verschlingen sie auch den. Aber der Hunger der Familie ist damit nicht gestillt. Die Spinnen bewegen sich zum hinteren Körperteil ihrer Mutter, durchbohren ihn und saugen den Rest ihres Körpers trocken. Lecker!

SANDTIGER-HAI

GESCHWISTER ALS IMBISS

JA, SO IST ES. Brüder und Schwestern von Sandtigerhaien bekämpfen sich bis auf den Tod. Dann fressen die Gewinner die Verlierer zum Mittagessen.

Warum stoppt Mama Hai das Blutbad nicht? Weil der Kampf in ihrem Körper tobt – noch bevor die Jungen geboren werden. Ein Haiweibchen produziert etwa 100 Eier und trägt sie in zwei Kammern ihres Körpers. Nach ungefähr fünf Monaten schlüpfen die Jungen. Sie sind hungrig und fressen sich gegenseitig. Die größeren Geschwister greifen die kleineren an, bis nur noch zwei Haie übrig sind – einer in jeder Kammer.

Nun verschlingen die Sieger die nicht geschlüpften Eier. Wenn die beiden geboren werden, schwimmen sie in entgegengesetzte Richtungen davon und beginnen ihr eigenes Leben.

STECKBRIEF

Habitat: Küstengewässer

Größe: 3,2 m

Gewicht: bis zu 160 kg

Fressfeinde: keine

Lebensspanne: 15 Jahre

Ein weiblicher Sandtigerhai **PRODUZIERT ALLE ZWEI BIS DREI JAHRE EIER** und kann in ihrem Leben vier oder sechs Junge zur Welt bringen.

🤔 Rülpsend steuern!

Die meisten Haie sinken, wenn sie aufhören zu schwimmen, nicht aber der Sandtigerhai. Um besser treiben zu können, schluckt er an der Wasseroberfläche Luft und sein Magen bläst sich auf wie ein Ballon.

Was passiert, wenn der Hai abtauchen will? Kein Problem. Er rülpst, um das Gas loszuwerden, und sinkt.

Ein Sandtigerhai kann bis auf eine Tiefe von etwa 180 m abtauchen.

🤢 EXTRAFIES!

Sobald ein Tigersalamander geschlüpft ist, treibt er auf der Suche nach Nahrung durchs Wasser. Ist der Teich überfüllt ... Bumm! Bam! Boom! Er stößt immer wieder mit seinen Geschwistern zusammen.

All diese Beulen lösen eine überraschende Veränderung aus: Die Kaulquappe entwickelt einen riesigen Kopf und einen weiten Mund mit langen Zähnen. Dann frisst sie ihre hilflosen Geschwister, bis der Teich nicht mehr voller Konkurrenten ist.

EKELHAFTE BAUTEN

DU GLAUBST NICHT, WIE MANCHE TIERE WOHNEN!

Eine zungenfressende Assel lebt im Maul dieses Clarks-Anemonenfischs.

KANINCHEN-KAUZ

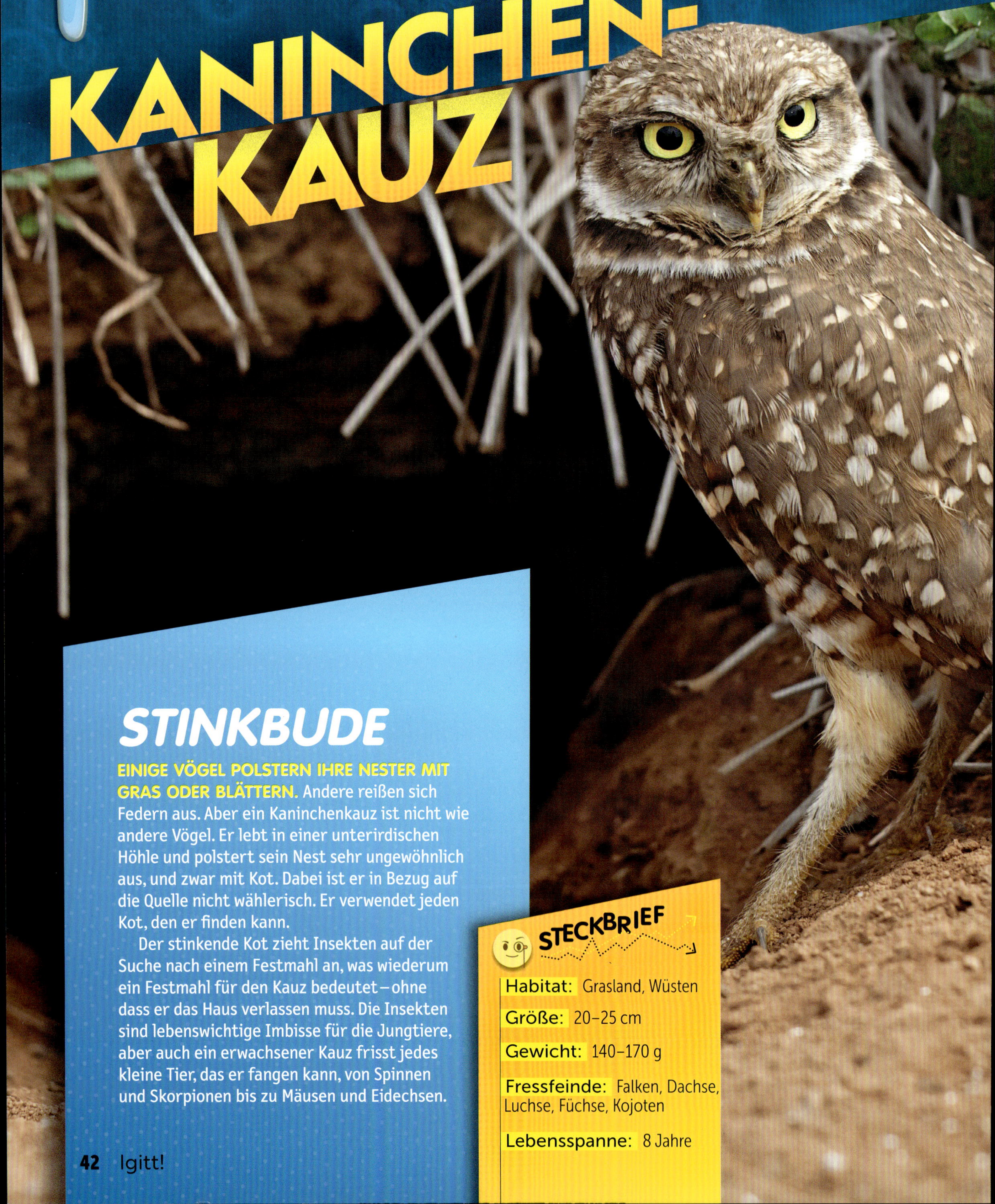

STINKBUDE

EINIGE VÖGEL POLSTERN IHRE NESTER MIT GRAS ODER BLÄTTERN. Andere reißen sich Federn aus. Aber ein Kaninchenkauz ist nicht wie andere Vögel. Er lebt in einer unterirdischen Höhle und polstert sein Nest sehr ungewöhnlich aus, und zwar mit Kot. Dabei ist er in Bezug auf die Quelle nicht wählerisch. Er verwendet jeden Kot, den er finden kann.

Der stinkende Kot zieht Insekten auf der Suche nach einem Festmahl an, was wiederum ein Festmahl für den Kauz bedeutet – ohne dass er das Haus verlassen muss. Die Insekten sind lebenswichtige Imbisse für die Jungtiere, aber auch ein erwachsener Kauz frisst jedes kleine Tier, das er fangen kann, von Spinnen und Skorpionen bis zu Mäusen und Eidechsen.

STECKBRIEF

Habitat: Grasland, Wüsten

Größe: 20–25 cm

Gewicht: 140–170 g

Fressfeinde: Falken, Dachse, Luchse, Füchse, Kojoten

Lebensspanne: 8 Jahre

Die jungen Kaninchenkäuze bleiben etwa einen Monat in ihrem unterirdischen Nest. Auch wenn die Jungtiere alt genug sind, um zu fliegen und zu jagen, werden sie von ihren Eltern weitere drei Monate unterstützt.

Was ist das für ein Geräusch?

Kaninchenkäuze ziehen ihre Jungen in Höhlen auf, die von Erdhörnchen verlassen wurden. Das tun Klapperschlangen auch, und die klugen Vögel ziehen daraus ihren Vorteil.

Kommt ihnen ein Feind zu nahe, verstecken sie sich in ihrem Bau. Dabei zischen und rascheln sie wie eine Schlange. Diese Geräusche bewegen die meisten Raubtiere zum Rückzug.

Die meisten Eulen sind nachtaktiv, aber ein **KANINCHENKAUZ KOMMT TAGSÜBER AUS SEINEM BAU.**

EXTRAFIES!

***Platsch!* Was ist das für eine klebrige, weiße Masse auf deinem Auto?** Es ist eine Mischung aus Urin und Kot. Wenn du jedoch den Kot einer Eule mit dem eines anderen Vogels vergleichst, wirst du feststellen, dass er weniger dunkle Miststücke enthält. Im Gegensatz zu anderen Vögeln würgen Eulen alles aus, was sie nicht verdauen können. Eine erwachsene Eule erbricht am Tag zwei daumengroße Klumpen.

Gewölle eines Kaninchenkauzes

MIST-KÄFER

EINE VORLIEBE FÜR MIST

LERNE DIE MISTKÄFER KENNEN – kleine, schwarze Insekten, die die meiste Zeit in, auf oder unter Kothaufen verbringen.

Einige leben oben auf den Haufen. Die Erwachsenen erkunden den frischen, feuchten Kot, während die Maden in älterem, austrocknendem Kot heranwachsen.

Andere fressen sich durch den Kot und bauen darunter Höhlen. Ihre unterirdischen Nester halten den Dung feucht und schützen die Maden vor Raubtieren.

Die interessantesten Mistkäfer formen den Kot zu Kugeln und rollen ihre Beute fort. Dann begraben sie sie in weichem Boden und legen ihre Eier hinein. Die Maden schlüpfen sicher und weich ... und von Futter umgeben!

STECKBRIEF

Habitat: Wüsten, Grasland, Wälder

Größe: 2,5 cm

Gewicht: 60–140 g

Fressfeinde: Fledermäuse, Vögel, Eidechsen, Füchse

Lebensspanne: 3–5 Jahre

Was gibt's zu essen?

Sobald die Fühler eines Mistkäfers Kotgeruch wahrnehmen, rast das Insekt auf die Quelle des Gestanks zu. Die schnellsten treffen oft nur 15 Sekunden, nachdem frischer, warmer Kot auf den Boden gefallen ist, ein.

Erwachsene Mistkäfer saugen mit ihren Mundwerkzeugen die Säfte aus dem Kot. Sie stecken voller nahrhafter Bakterien.

Ein Mistkäfer scheut sich nicht vor harter Arbeit. In nur einer Nacht kann er einen Kotvorrat abtransportieren, der 250-mal mehr wiegt als er selbst.

EXTRAFIES!

Glaubst du etwa, Mistkäfer leben nur weit weg von Menschen? Mitnichten! Sie ernähren sich von Kuhfladen auf Bauernhöfen und von Hirschkot auf Feldern oder in Waldgebieten.

Auf der Erde leben mehr als 6 000 Mistkäferarten. Einige können **KOTKUGELN ROLLEN, DIE 50-MAL SO SCHWER SIND** wie sie selbst.

AFRIKA: HÜGELBAUENDE TERMITEN

MEGA-HÜGEL

SIEHST DU DIESE ERSTAUNLICHE SKULPTUR? Sie wurde von mehr als einer Million Termiten, die kleiner sind als ein Fingernagel, gebaut. Für den Bau eines solchen Hügels bewegen sie innerhalb eines Jahres mehr als 250 kg Erde. Wie halten diese Termiten ihre Behausung zusammen? Mit klebrigem Speichel und Kot – der perfekte selbst gemachte Kleber.

Jeder Termitenhügel verfügt über ein Tunnelnetz, das wie eine Klimaanlage wirkt. Die durch die Tunnel zirkulierende Luft kühlt das darunterliegende Nest. In Dutzenden unterirdischer Kammern werden Nahrungsmittel aufbewahrt, Eier gelegt und Jungtiere aufgezogen. Eine spezielle Kammer beherbergt die Termitenkönigin. Sie legt während ihres 15-jährigen Lebens Hunderte Millionen Eier.

STECKBRIEF

Habitat: Savannen

Größe: Arbeiter: 3,5 cm, Königin: 10 cm

Gewicht: unbekannt

Fressfeinde: Vögel, Fledermäuse, Erdferkel, Ameisenbären, Schuppentiere

Lebensspanne: Arbeiter: 1–2 Jahre, Königin: bis zu 15 Jahre

Einige afrikanische Termiten bauen riesige Hügel, wie diesen in Äthiopien. **ER IST 9 METER HOCH** und mehr als 5 m breit.

Arbeitsteilung

Termiten leben in großen Kolonien. Jedes Insekt hat eine klar definierte Aufgabe.

- **Große Arbeiter** sammeln Nahrung und halten den Hügel von außen instand.
- **Kleine Arbeiter** kümmern sich um das Innere des Hügels, um Eier und Nymphen.
- **Große Soldaten** bewachen den Eingang.
- **Kleine Soldaten** beschützen die Arbeiter.
- **Die Königin** legt Eier.
- **Der König** verlässt das Nest und geht auf Partnersuche.

EXTRAFIES!

Genau wie die hügelbauenden afrikanischen Termiten weiß ein kleiner Vogel namens Rosttöpfer, dass Schlamm und Kot großartige Baumaterialien sind. Zur Nistzeit stapelt er beides auf einem Ast. Dann pickt er ein Loch aus. Im Laufe der Zeit trocknet und härtet das Nest in der heißen Sonne.

WEISSNEST-SALANGANE

AUS SPUCKE GEBAUT

DU WIRST NIE ERRATEN, WOMIT WEISSNESTSALANGANEN IHR NEST BAUEN. Aus ihrer Spucke! Diese Vögel verbringen Stunden damit, eine Höhlenwand mit Speichelfäden zu verputzen. Wenn das zähflüssige Zeug trocknet, bildet es eine fest anliegende Tasche. Hier hinein legt das Weibchen seine zwei weißen Eier.

Sind die Küken geschlüpft, kümmern sich beide Eltern um die Kleinen. Während einer das Nest bewacht, fliegt der andere auf der Suche nach leckeren Insekten für die ganze Familie davon. Die Speichelstränge sind so stark, dass sie die Jungtiere halten, bis sie alt genug sind, um alleine zu überleben.

STECKBRIEF

Habitat: Höhlen

Größe: 10 cm

Gewicht: 15 g

Fressfeinde: Eulen, Schlangen, Eidechsen

Lebensspanne: unbekannt

Eine Weißnestsalangane in ihrem **NEST AUS SPEICHELSTRÄNGEN** auf den Nordandamanen im Indischen Ozean.

Nicht nur Salanganen orientieren sich durch Echoortung. Auch Fledermäuse, Delfine, Spitzmäuse und Fettschwalme orientieren sich durch Ultraschall.

Mit den Ohren „sehen“

Auf der Jagd nach Insekten sind Salanganen auf ihre Augen angewiesen, um ihre Beute auszumachen. Aber in dunklen Höhlen können die Vögel kaum etwas sehen. Wie lösen sie dieses Problem? Sie verwenden die Echolokation. Die Salanganen machen Klickgeräusche und lauschen dann. Das Echo ihrer Rufe verrät den Vögeln Größe, Form und Position von Objekten in der Nähe.

EXTRAFIES!

Würdest du gern Salanganenspucke essen? In Südostasien klettern Menschen Höhlenwände hinauf und sammeln die Nester der Weißnestsalanganen. Sie verkaufen den getrockneten Sabber an Köche, die daraus Vogelnestsuppe machen. Doch warum Speichelstränge schlürfen? Manche Menschen halten sie für gesund und glauben an eine lebensverlängernde Wirkung.

Vogelnestsuppe

ZUNGENFRESSENDE LAUS

EIN MAUL ALS HAUS?

GÄBE ES EINEN PREIS FÜR DEN FALSCHESTEN NAMEN DER WELT, könnte ihn die Zungenfressende Laus gewinnen. Zunächst ist es gar keine Laus, sondern eine Assel, ein hartschaliges Tier, das mehr mit Hummern als mit Läusen gemeinsam hat. Und was das Fressen von Zungen betrifft ... nun, das ist übertrieben.

Hier ist die Wahrheit: Die jungen Asseln leben in den Kiemen eines Fischs. Die Jungtiere sind alle Männchen. Nur eines von ihnen verwandelt sich in ein Weibchen und kriecht in das Fischmaul. Es haftet an seiner Zunge und schlürft Blut, bis die Zunge vertrocknet und abfällt. Fies!

Was macht der nervige Parasit, wenn die Zunge weg ist? Sie packt den Stummel und wird zur neuen Zunge!

STECKBRIEF

Habitat: Ozean

Größe: 1,3–2,5 cm

Gewicht: unbekannt

Fressfeinde: Haie und andere große Fische, die den Wirt der Assel fressen

Lebensspanne: bis zu 3 Jahre

Diese ekligen Asseln greifen viele Fischarten an, darunter auch Lachse und Schnapper. Stell dir vor, du findest eine in dem Fisch, der für dein Abendessen vorgesehen war. *Lecker!*

Viele Beine

Hummer und Krabben haben 10 Beine. Aber ihre Verwandten, die Zungenfressenden Läuse, haben 14. Mit winzigen Krallen an ihren Hinterbeinen klammern sie sich an die Fischzunge.

EXTRAFIES!

Du wirst es kaum glauben, aber die Zungenfressende Laus ist für Fische nicht das einzige Minimonster. Sie gehört zu einer Familie von Asseln mit fast 400 Arten und alle haben Fische im Visier. Sie haften an Haut, Flossen, Kiemen und Muskeln eines Fischs.

Sag „Aaaah". Ohne Hände kann sich der Fisch die Zungenfressende Laus nicht aus dem Maul ziehen und muss sich **FÜR JAHRE MIT DEM EINDRINGLING ABFINDEN.**

AMERIKANISCER AASKÄFER

LEERE EIERSCHALEN

DIE MEISTEN AASKÄFERMAMAS LEGEN IHRE EIER IN DIE NÄHE TOTER TIERE. Die Jungen schlüpfen und fressen das verwesende Fleisch.

Der Amerikanische Aaskäfer ernährt seine Brut jedoch anders. Das Weibchen sucht nach einem Schlangennest mit Eiern. Dorthin legt sie ihre Eier.

Die geschlüpften Käferlarven graben sich in die Schlangeneier und verschlingen die winzigen Schlangen im Inneren – eine ergiebige Mahlzeit. Was machen sie als Nächstes? Sie lassen sich in ihren gemütlichen neuen Häusern nieder. Die leeren Eierschalen sind der perfekte Ort zum Aufwachsen.

STECKBRIEF

Habitat: Wälder

Größe: 2,5 cm

Gewicht: unbekannt

Fressfeinde: unbekannt

Lebensspanne: 1 Jahr

Ist ein Amerikanischer Aaskäfer ausgewachsen, taucht er aus seinem Schlangenei auf und macht sich auf die Suche nach einem Partner.

Die meisten Aaskäfer erspüren **VERWESENDE KADAVER MIT IHREN HOCH ENTWICKELTEN FÜHLERN**, aber noch ist unbekannt, wie Amerikanische Aaskäfer Schlangeneier ausfindig machen.

🤔 Wie viele Häuser?

Das beliebteste Ziel eines Amerikanischen Aaskäfers ist ein Nest der Schwarzen Rattennatter. Jede Natter legt ungefähr ein Dutzend Eier. Da die Weibchen aber oft in Gruppen nisten, kann ein einzelnes Nest mehr als 100 Eier enthalten.

🤢 EXTRAFIES!

Was passiert, wenn ein Schlangennest nicht genug Eier hat, um die Käferbrut unterzubringen? Das Weibchen tötet einige seiner eigenen Nachkommen. Klingt grausam, oder? Aber so stellt es sicher, dass zumindest einige der Larven überleben.

KNOCHENFRESSENDER BARTWURM

SELTSAMER WURM

WÜRDEST DU GERNE IN EINEM VERWESENDEN WALKADAVER AM MEERESGRUND LEBEN? Es würde dir wirklich gefallen, wenn du ein Knochenfressender Bartwurm wärest. Die Weibchen verbringen den größten Teil ihres Lebens an einem Walknochen. Blütenartige Federn erheben sich über einer Schleimkugel, die das Hauptkörperrohr des Wurms umgibt. Während die Federn durch das Wasser winken, nehmen sie Sauerstoff auf.

Die „Wurzeln“ des Wurms sind in den Fischknochen eingebettet und brechen mittels einer Säure den Knochen auf. Dann machen sich Bakterien aus dem Hauptkörperrohr des Wurms an die Arbeit.

Sie absorbieren Fette, Öle und andere Leckereien aus dem verwesenden Knochen, sodass sie – und der Wurm – alle Nährstoffe erhalten, die sie zum Überleben benötigen.

STECKBRIEF

Habitat: Ozeane

Größe: Weibchen: 1,3 cm, Männchen: mikroskopisch klein

Gewicht: unbekannt

Fressfeinde: unbekannt

Lebensspanne: unbekannt

Wissenschaftlern aus dem Forschungsinstitut des Monterey Bay Aquariums in Kalifornien gelang mit einem Tauchroboter das Bild dieser Bartwürmer auf einem Walknochen.

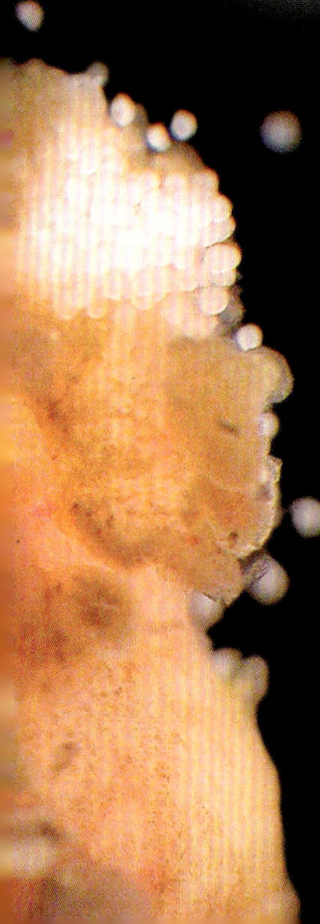

Ein Knochenfressendes Bartwurmweibchen in Nahaufnahme. Das Bild zeigt nicht die **KLEBRIGE SCHLEIMMASSE**, die den Körper des Wurms umgibt und schützt.

Am Walknochenbuffet

Knochenfressende Bartwurmweibchen schießen Tausende von Eiern ins Wasser. In der Meeresströmung enden die meisten Larven als Fischfutter. Aber einige haben Glück und landen auf einem toten Wal. Es ist nicht ungewöhnlich, dass er so viele Würmer beherbergt, dass er wie ein zotteliger rosa Teppich aussieht.

Dieses Bild eines Bartwurmmännchens wurde mit einem Hochleistungsmikroskop aufgenommen.

EXTRAFIES!

Die Bartwurmmännchen sehen ganz anders aus als die Weibchen und du errätst nie, wo sie leben! Die klitzekleinen Männchen säumen die schleimigen Wände des weiblichen Hauptkörperrohrs. Es kann Dutzende schwärmender Männchen beherbergen.

BUSCHSCHWANZ-RATTE

GENIALER KLEBER

EINIGE SAMMELN FUSSBALLBILDER, andere Briefmarken, Schlüsselanhänger oder Magnete. Aber eine Buschschwanzratte übertrifft sie alle. Sie sammelt einfach alles – von Tannenzapfen und Federn bis hin zu Ohrringen und Kronkorken. Je glänzender, desto besser!

Was macht der kleine Hamsterer mit seinen Schätzen? Er verbaut sie in seinem Bau, einer großen Höhle aus Stöcken, Rinde, Steinen, Knochen, Blättern und Kot.

Und was hält den großen Haufen zusammen? Buschschwanzrattenurin. Ja, genau: Pipi! Das klebrige, stinkende Zeug zementiert den kolossalen Schatzhaufen zu einer einzigen festen Masse.

STECKBRIEF

Habitat: Wälder, Grasland, Buschland

Größe: 30–45 cm

Gewicht: 0,6 kg

Fressfeinde: Schwarzbären, Rotluchse, Kojoten, Falken, Marder, Fleckenkäuze, Wiesel

Lebensspanne: 2 Jahre

Dieser Wissenschaftler erforscht den 5 900 Jahre alten Bau einer Buschschwanzratte im Rocks National Reserve in Idaho.

Inmitten des Baus

Im Rattenbau verbinden kreuz und quer verlaufende Gänge mehrere Kammern. In einigen wird geschlafen, in anderen werden die Jungtiere aufgezogen. Sie enthalten becherförmige Nester, die mit Gras gepolstert sind. In anderen Kammern wird gefressen oder sie dienen als Lagerraum. Einige Bauten sind Tausende von Jahren alt und wurden von etlichen Generationen bewohnt. Die verbauten Materialien verraten der Wissenschaft, welche Pflanzen und Tiere vor langer Zeit in der Gegend gelebt haben.

EXTRAFIES!

Eine Buschschwanzratte kann nicht gut sehen und so legt sie eine Spur aus Urintröpfchen. Nach einem Tag des Sammelns von Zweigen, Samen und Früchten schnüffelt sich das kleine Tier nach Hause.

Eine Buschschwanzratte ist klein, ihr Bau kann jedoch **BIS ZU 3 M HOCH** sein.

WIMPERN-MILBE

AUF MENSCHEN ZU HAUSE

SCHAU DIR DIESE WINZIGEN BESTIEN AN! Sie sind lang und dünn wie Würmer, haben aber acht Beine wie eine Spinne. Es sind Wimpernmilben. Sie leben auf und in der Haut von Menschen – vielleicht sogar in deiner! Die Wahrheit ist, die meisten Menschen haben sie.

Die winzigen Krabbeltiere verbringen viel Zeit damit, Haarfollikel – kleine sackförmige Gebilde, aus denen Wimpern, Augenbrauen und andere Gesichtshaare wachsen – zu erforschen. Sie lieben auch Hautporen. Und wo hängen diese Mini-Milben sonst noch gerne herum? Auf Augenlidern, Nase und Stirn. Auch auf Wangen und Kinn sind sie zu finden.

STECKBRIEF

Habitat: menschliche Gesichter

Größe: mikroskopisch klein

Gewicht: keins

Fressfeinde: keine

Lebensspanne: einige Wochen

Wimpernmilben, hier in einer 1 500-fachen Vergrößerung, schlürfen **FETTE, DIE AUS DEINER HAUT AUSTRETEN**. Sie fressen auch gerne tote, schuppige Haut. Igitt, was für ein Leben!

Insekt oder Milbe?

Ein Insekt hat drei Hauptkörperteile – Kopf, Brust und Hinterleib. Es hat sechs Beine. Eine Milbe dagegen ist enger mit Spinnen, Skorpionen und Zecken verwandt. Sie hat zwei Hauptkörperteile – Vorder- und Hinterleib – und acht Beine.

EXTRAFIES!

Wimpernmilben schlafen tagsüber meist. Nachts kriechen sie in einem super langsamen Tempo über dein Gesicht und bewegen sich nur etwa 1 cm pro Stunde. Vielleicht spürst du sie deshalb nicht.

JUCK-MILBE

HAU REIN!

AUFGEPASST! JETZT LERNST DU WIRKLICH GRUSELIGE TIERE KENNEN, die deine Haut zum Krabbeln bringen. Es geht um Juckmilben, die auf und in Menschen auf der ganzen Welt leben. Männliche Juckmilben huschen die meiste Zeit nur über die Hautoberfläche, aber die Weibchen graben sich in die Haut ein, saugen an Körperflüssigkeiten und legen Dutzende winziger Eier. Ihre Gänge können mehr als 2,5 cm lang sein.

Sobald die Jungen geschlüpft sind, bauen sie ihre eigenen Gänge, und wenn sie ausgewachsen sind, suchen sie sich einen Partner. Dann graben sich die Weibchen erneut ein und legen noch mehr Eier.

STECKBRIEF

Habitat: Menschen

Größe: mikroskopisch klein

Gewicht: keins

Fressfeinde: keine

Lebensspanne: 6–9 Wochen

Juckmilben sind so klein, dass sie **NUR DURCH EIN MIKROSKOP ZU SEHEN** sind. Die Milbe auf diesem Foto ist 630-fach vergrößert.

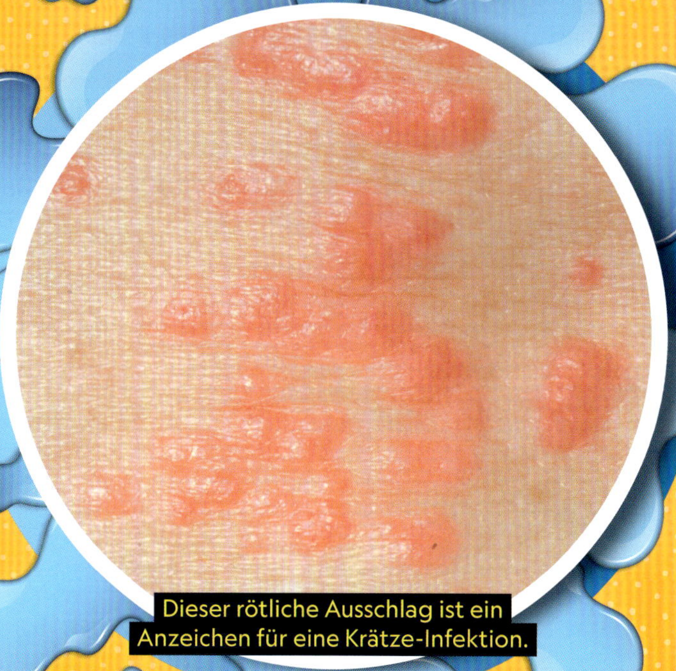

Dieser rötliche Ausschlag ist ein Anzeichen für eine Krätze-Infektion.

Was ist das für ein Ausschlag?

Juckmilben breiten sich leicht von Mensch zu Mensch aus. Dazu genügt schon ein einfaches Händeschütteln. Leider sind Juckmilben nicht so harmlos wie Wimpernmilben. Nur 10–15 der winzigen Unruhestifter können einen roten, juckenden Ausschlag namens Krätze verursachen. Krätze tritt am häufigsten in den Achselhöhlen, an Handgelenken und Beinen sowie zwischen den Fingern auf.

EXTRAFIES!

Eine Juckmilbe frisst Körperflüssigkeiten und abgestorbene Hautschuppen, die Leckerbissen wandern durch ihren Verdauungstrakt und sie scheidet sie als feste Kotklumpen wieder aus. Stell dir nur vor, diese Klumpen wären überall auf deiner Haut verschmiert!

KUGELKOPF-PAPAGEIENFISCH

SCHLEIMIGER SCHLAFSACK

WARST DU SCHON MAL ANGELN? Na, dann weißt du ja, wie glatt und glitschig ein Fisch ist. Das hat auch seinen Sinn, denn so rutschen schädliche Bakterien direkt von seiner Haut ab. Der Schleim macht auch seine Schuppen flexibler.

Einige Papageienfische sind sogar sehr auf ihr schleimiges Fell angewiesen. Denn so können sie tief und fest schlafen. Vor dem Schlafengehen bedecken sich Kugelkopf-Papageienfische mit einer schleimigen Schicht. Während die Fische ruhen, hält die rutschige Beschichtung winzige blutsaugende Asseln von ihren Körpern fern.

Funktioniert der Schleimsack wirklich? Oh ja! Papageienfische ohne Kokons werden neunmal häufiger angegriffen als Fische, die von Schleim umgeben sind.

STECKBRIEF

Habitat: Korallenriffe

Größe: 40 cm

Gewicht: 1,8 kg

Fressfeinde: Muränen, Haie

Lebensspanne: 8 Jahre

Wortspiel?

Der Papageienfisch verdankt seinen Namen seinem schnabelförmigen Maul. Die Zähne sind zu einem superstarken Schaber zusammengewachsen, der perfekt geeignet ist, um harte Korallenstücke abzubeißen. Doch warum frisst er Korallen? Um an die leckeren Algen zu gelangen, die im Inneren leben. Knochen in seiner Kehle zermahlen die Korallen zu Sand, den der Fisch wieder ausscheidet und der vielleicht zu neuem Strandsand wird.

Weltweit gibt es etwa 80 Papageienfischarten. Es ist schwierig zu bestimmen, welcher Art ein Fisch angehört, da er im Verlauf seines Lebens die Farbe seiner Haut wechselt.

BAUTEN

EXTRAFIES!

Was passiert morgens mit der Schutzhülle eines Papageienfischs? Sie wird zum Frühstück! Der Fisch frisst den Kokon, um wertvolle Nährstoffe wiederzugewinnen, damit er sie erneut verwenden kann.

Wie kommt ein Kugelkopf-Papageienfisch an sein schickes Nachthemd? **DRÜSEN BEI SEINEN KIEMEN PRODUZIEREN DEN SCHLEIM.** Dann umgibt das schleimige Zeug langsam den gesamten Körper. Der Vorgang dauert etwa 1 Stunde.

AFRIKANISCHER LUNGENFISCH

HEIMELIGER KOKON

DIE MEISTEN FISCHE ATMEN DURCH KIEMEN, UM AN DEN SAUERSTOFF IM WASSER ZU GELANGEN. Aber wie du schon an seinem Namen erraten kannst, hat der Afrikanische Lungenfisch auch Lungen. Und das ist auch gut so. Während der Trockenzeit verdunsten die flachen Sümpfe, in denen sich der Lungenfisch zu Hause fühlt. Wenn Lungenfische keine Luft atmen könnten, würden sie sterben.

Wie hält der Lungenfisch seinen Körper in einer wasserlosen Welt feucht? Zunächst gräbt er sich in den feuchten Schlamm. Dann sickert eine Schicht klebrigen Schleims aus seinem Körper und bildet einen Kokon. Darin ruht der Lungenfisch, bis der Regen zurückkehrt.

STECKBRIEF

Habitat: Sümpfe, kleine Flüsse

Größe: 1 m

Gewicht: 3,5 kg

Fressfeinde: Vögel

Lebensspanne: 20–25 Jahre

Was gibt's zu essen?

In der Regenzeit fressen Afrikanische Lungenfische alles, von Insekten und Würmern bis hin zu Fröschen und anderen Fischen. Sie knabbern sogar an Baumwurzeln und Samen.

Afrikanische Lungenfische suchen nicht nur schwimmend nach Beute. Sie können auch über den Boden kriechen, indem sie ihre Flossen wie Beine benutzen.

Man vermutet, dass Lungenfische mit den ersten vierbeinigen Tieren, die an Land gingen, eng verwandt sind.

Ist der Afrikanische Lungenfisch von seinem Schleimkokon umgeben, macht er Pause. Er ruht, **SEIN HERZ SCHLÄGT LANGSAMER UND ER ATMET KAUM**. Der Fisch kann mehr als ein Jahr in seinem schleimigen Zuhause „chillen".

EXTRAFIES!

Stell dir vor, du wärest in einem Raum eingesperrt und hättest nichts zu essen. Im Ernst: gar nichts! Was würde passieren? Du würdest verhungern.

Aber ein Afrikanischer Lungenfisch überlebt in seiner Hülle, indem er einen Teil des Muskelgewebes in seinem Schwanz verdaut. Zum Glück wächst es nach, wenn der Fisch wieder zu fressen beginnt.

BEINHAUS-WESPE

EINE IDEALE BARRIKADE

IM JAHR 2014 ENTDECKTE MAN EIN INSEKT MIT EINER SELTSAMEN ANGEWOHNHEIT. Die Beinhauswespe stopft tote Ameisen in den Hohlraum zwischen den beiden äußeren Wänden ihres Nests. Ja, es ist, als hätte man einen Flur voller Leichen!

Verwirrt dich dieses sonderbare Verhalten? Auch die Wissenschaftler waren verwirrt und erforschten die Nester. Jetzt glauben sie, dass Chemikalien in den Ameisenkadavern andere Wespenarten, die ihre eigenen Eier auf oder in die Eier, Larven oder Puppen der Beinhauswespen legen, fernhalten.

Der Ameisengeruch kann andere Wespen glauben lassen, dass ein Raubtier in der Nähe ist, oder er verbirgt den Geruch der Beinhauswespen. Auf jeden Fall ist es ein geschickter Trick.

STECKBRIEF

Habitat: Gebirgswälder

Größe: 1,3 cm

Gewicht: unbekannt

Fressfeinde: andere Wespen

Lebensspanne: unbekannt

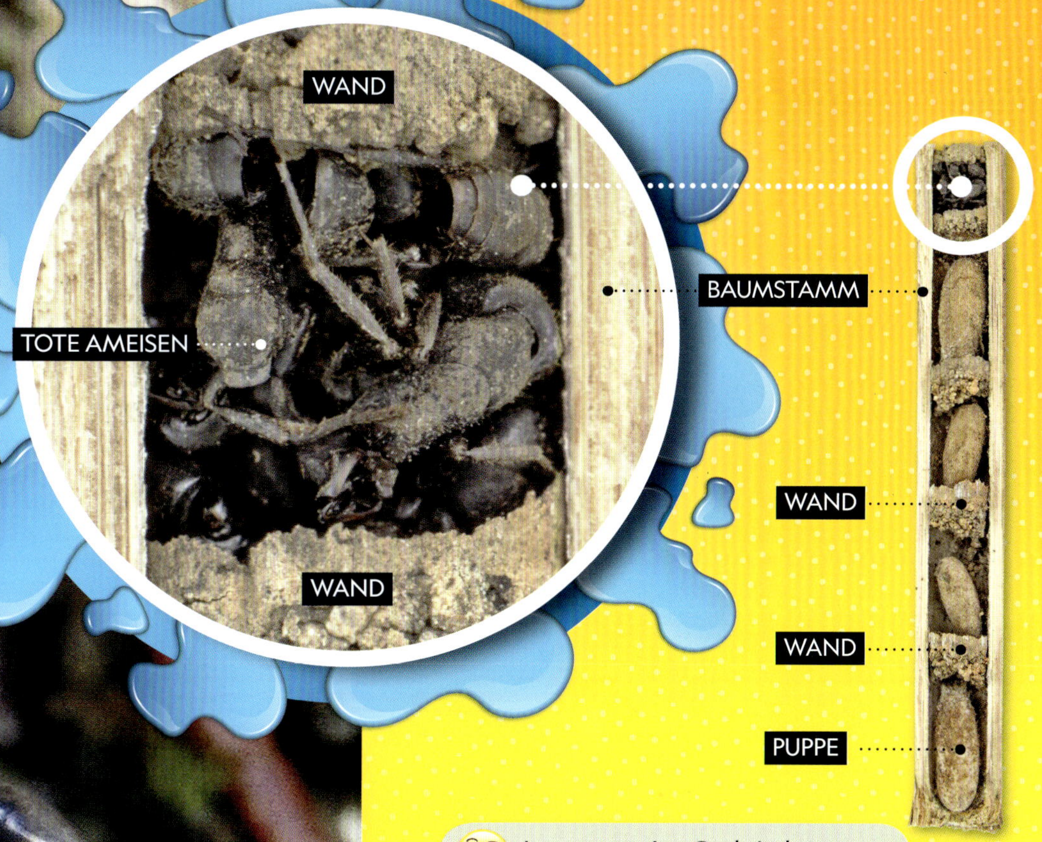

Erwachsene Beinhauswespen ernähren sich von **POLLEN UND NEKTAR**.

Larven in Schichten

Eine weibliche Beinhauswespe baut ihr Nest Schritt für Schritt:

1. Hat die Wespe einen hohlen Pflanzenstamm gefunden, fliegt sie auf der Suche nach einer Spinne davon.
2. Sie lähmt die Beute, schleppt sie zu ihrem Nest und frisst ihre Beine, damit sie nicht wegläuft.
3. Sie legt ein Ei auf die Spinne, damit die geschlüpfte Larve eine nahrhafte Mahlzeit vorfindet.
4. Die Wespe verschließt die Kammer und überlässt die lebende Spinne ihrem dunklen Grab.
5. Sie wiederholt diesen Vorgang, bis sie all ihre Eier gelegt hat.
6. Sie stopft bis zu 13 Ameisen zwischen die beiden äußeren Wände ihres Nests.

EXTRAFIES!

Womit verschließt die Baumhauswespe ihre Kammern? Sie vermischt schleimigen Speichel und Erde.

FLEISCH-FLIEGE

KRÖTE MIT EINLAGE

DU GLAUBST ZU WISSEN, WAS GESCHIEHT, WENN EINE KRÖTE UND EINE FLIEGE SICH BEGEGNEN? Dann wirst du jetzt eine Überraschung erleben!

Wenn eine weibliche Fleischfliege auf eine Harlekinkröte trifft, wird sie nicht zu deren Mittagessen. Stattdessen schießt sie nach unten und legt ihre frisch geschlüpften Maden auf die Haut der Kröte.

Was geschieht als Nächstes? Die weißen, wurmigen Jungtiere graben sich zappelnd und zuckend in den Krötenkörper. Nachdem sie sich in ihrem sicheren, gemütlichen Zuhause niedergelassen haben, verschlingen die Maden die Kröte von innen nach außen. Ja, so ist es: In diesem Szenario hat die Kröte das Nachsehen. Gut genährt verpuppen sich die Maden und einige Wochen später sind sie erwachsene Fleischfliegen.

STECKBRIEF

Habitat: Tropische Regenwälder

Größe: 1,3 cm

Gewicht: 3 g

Fressfeinde: unbekannt

Lebensspanne: 3–5 Wochen

Die Larve einer Fleischfliege verbringt zwischen 21 und 37 Tagen im Körper einer Harlekinkröte.

Das Leben einer Fleischfliege

Wie alle anderen Fliegen haben auch Fleischfliegen einen vierstufigen Lebenszyklus. Abhängig von der Temperatur ihres Lebensraums verbringen die Fleischfliegen:

- 1 bis 2 Tage als Eier
- 4 bis 7 Tage als Maden (Larven)
- 17 bis 30 Tage als Puppen
- 1 bis 2 Tage als erwachsene Fliegen

Für diese kurzlebigen Insekten vergeht die Zeit wie im Flug.

Auf der Erde leben etwa 2 500 Fleischfliegenarten. Die meisten von ihnen sehen aus wie diese. Das Weibchen produziert **ETWA ZWEI DUTZEND MADEN.** Sie benötigen ungefähr eine Woche, um eine Harlekinkröte zu verschlingen.

EXTRAFIES!

Was fressen erwachsene Fleischfliegen? Manchmal schlürfen sie Blütennektar oder Säfte aus faulenden Früchten, aber sie ernähren sich auch von Flüssigkeiten in Kot und verwesenden Leichen. Lecker!

EKELHAFTE VERTEIDIGUNG

DU GLAUBST NICHT, WIE SICH MANCHE TIERE VERTEIDIGEN

Eine Attentäterwanze schleppt tote Ameisen, um hungrige Springspinnen zu täuschen.

SILBERGEFLECKTE SKIPPER-RAUPE

WIRF DEN MIST!

WAS IST KOT? ES IST EINE HÖFLICHE UMSCHREIBUNG FÜR KACKA. Hier geht es um Raupenkacka. Raupen sind Fress- und Wachstumsmaschinen. Tag und Nacht, egal bei welchem Wetter – nichts kann sie davon abhalten, ununterbrochen saftige Blätter zu verschlingen. Doch je mehr sie fressen, desto mehr scheiden sie aus. Würde die Raupe des Silbergefleckten Skippers ihren Kot an einem Ort anhäufen ... bääh! Das kleine Insekt wäre ein leichtes Opfer für hungrige Jäger.

Glücklicherweise wendet diese Raupe einen raffinierten Trick an, um ihren Kot zu verteilen. Sie pumpt zusätzliches Blut in ihren After. Der Druck wird immer größer, bis ... Peng! Schon schießt ein Kotköttel durch die Luft und kann bis zu 1,5 Meter weit fliegen.

STECKBRIEF

Habitat: Grasland, Sümpfe

Größe: 5 cm

Gewicht: unbekannt

Fressfeinde: Wespen, Ameisen, Vögel, Frösche Spinnen

Lebensspanne: 2 Monate

Pickt ein Vogel eine Skipperraupe von einem Blatt, schlägt die Raupe zurück und **ERBRICHT EINEN GRÜNLICHEN BROCKEN** in das Maul ihres Feindes. Der matschige Klumpen schmeckt so schrecklich, dass der Vogel die Raupe ausspuckt und sich nach einer anderen Mahlzeit umsieht.

Wortspiel?

Wie kommt der Skipper zu seinem Namen? Von seiner Art zu fliegen. Das kleine Insekt schwirrt tänzelnd und wedelnd mit ruckartigen Bewegungen durch die Luft.

Sobald sich ein Silbergefleckter Skipper auf einer Blüte niederlässt, fährt er seinen trinkhalmartigen Rüssel aus und nippt den süßen Nektar von den Blüten.

VERTEIDIGUNG

EXTRAFIES!

Anstatt ihren Kot herauszuschleudern, hat die Raupe des Braunen Seglers dafür eine sinnvolle Verwendung. Diese Raupe knabbert sorgfältig um die Hauptader eines Blattes herum. Wenn sie sich später erleichtert, befestigt sie ihre Köttel mithilfe von feinen Seidenfäden an dieser Blattader. Nach und nach wird der Blattstil vollständig eingehüllt. Warum tut sie das? Weil es ein sicherer Ort zum Ausruhen ist. Hungrige Ameisen oder Spinnen werden sich hüten, einen Fuß auf den Insektenkot zu setzen.

KOMODO-WARAN

VON KOT GESCHÜTZT

DER KOMODOWARAN IST DIE GRÖSSTE ECHSE DER ERDE. Was frisst dieser riesige Jäger? Alles, was er erlegen kann – auch kleinere Artgenossen! Ja, wirklich, ein ausgewachsener Waran vernascht seinen Nachwuchs, ohne zu zögern.

Wie soll sich ein hilfloses Jungtier also schützen, wenn es niemandem trauen kann? Es hält sich auf Bäumen auf, die riesige und schwere Komodowarane nicht erklimmen können.

Aber von Zeit zu Zeit muss auch ein Jungtier mal auf den Boden. Dann macht es etwas wirklich Überraschendes: Es wälzt sich in seinem Kot. Der fürchterliche Gestank verdirbt selbst dem hungrigsten Komodowaran den Appetit.

STECKBRIEF

Habitat: Wälder, Grasland

Größe: 3 m

Gewicht: bis zu 150 kg

Fressfeinde: größere Komodowarane

Lebensspanne: 30 Jahre

Ein Komodowaran läuft herum und fährt seine lange gespaltene Zunge immer wieder ein und aus. So erschnüffelt er sich den Weg zu seinem Abendessen.

Wenn ein erwachsener Komodowaran ein Jungtier überrascht, **ERBRICHT DER KLEINE SEINE LETZTE MAHLZEIT**. Nun ist das kleinere Reptil leichter und kann rasch auf einen Baum huschen.

🤔 Auf der Jagd

Meist stehen Hirsche, Wasserbüffel oder Wildschweine auf dem Speiseplan eines Komodowarans. Sobald er eine mögliche Mahlzeit entdeckt, stürzt er sich auf sein Opfer und packt es mit seinem Maul. Das massige Reptil vertilgt auch gerne verwesende Kadaver. Es riecht ein totes oder sterbendes Tier aus einer Entfernung von über 3 km.

🤢 EXTRAFIES!

Was haben die Larve eines Gestreiften Kartoffelkäfers und ein Komodowaran gemeinsam? Ihre ekelhafte Tarnung. Damit sie nicht gefressen wird, hüllt sich die Larve in ihre Exkremente ein. Das stinkt nicht nur bestialisch, sondern ist für ihre Angreifer auch noch giftig.

NORD-SCHAUFLER

SO TARNT DIE ENTE

KRATZEN, SCHABEN, WETZEN ... Im Frühling gräbt das Nordschauflerweibchen ein kleines Loch und polstert es mit Gras. Anschließend rupft sie sich weiche Daunen aus und kleidet ihr Nest damit aus.

Nachdem sie 8 bis 12 Eier gelegt hat, bleibt sie in ihrem Nest und wartet ... wartet! Es dauert mehr als drei Wochen, bis die Küken schlüpfen. Was aber passiert, wenn sich ein hungriger Rotfuchs anschleicht? Die besorgte Mutter beschützt ihre Eier, indem sie diese mit Kot bespritzt. Dann flieht sie. Sobald die Luft wieder rein ist, kehrt sie in ihr Nest zurück.

STECKBRIEF

Habitat: offene Feuchtgebiete

Größe: 50 cm

Gewicht: 0,5 kg

Fressfeinde: Rotfüchse, Wiesel, Marder, Waschbären

Lebensspanne: 15–20 Jahre

Die **TARNFARBE IHRES FEDERKLEIDS** lässt die weibliche Ente mit ihrer Umgebung verschmelzen. An windstillen Tagen jedoch können manche Räuber sie erschnüffeln.

Wortspiel?

Wie kommt der Nordschaufler zu seinem Namen? Es liegt an dem schaufelartigen Schnabel. Er sieht zwar merkwürdig aus, eignet sich aber perfekt, um Samen, Insekten und winzige Venusmuscheln aus dem Wasser zu filtern.

Wie ein Staubsauger gleitet der Schnabel über die Wasseroberfläche. Das Wasser strömt durch den Schnabel und kammartige Erhebungen auf der Zunge fangen schmackhafte Leckerbissen auf.

Mithilfe seines Schnabels filtert der Nordschaufler Samen und kleine Tiere aus dem Wasser.

EXTRAFIES!

Eiderenten sind größer als Nordschaufler und leben an den Meeresküsten. Doch wenn ein hungriger Jäger angreift, schützen sie sich ebenso ekelhaft. Sie bedecken ihre Eier mit Kot, um Raubtiere abzuwehren. *Bäh!*

BURUNDUK

URIN SCHÜTZT

BURUNDUKS LEBEN IN DICHTEN, DUNKLEN WÄLDERN und sind von außergewöhnlich vielen Raubtieren bedroht: Schlangen, Falken, Eulen, Wiesel. Sie alle lieben das schmackhafte Fleisch der Streifenhörnchen.

Schlechte Voraussetzungen für die kleinen Tierchen. Doch der Burunduk hat eine raffinierte Tarnung. Wenn er eine tote Schlange entdeckt, schlitzt er mit seinen Zähnen die Blase des Reptils auf. Nachdem der ganze Urin auf den Boden gelaufen ist, badet er in der stinkenden Pfütze. Widerlich!

Spinnt das Hörnchen? Wohl kaum. Der strenge Geruch des Schlangenurins hält Raubtiere fern.

STECKBRIEF

Habitat: Wälder

Größe: 10–15 cm

Gewicht: 80–140 g

Fressfeinde: Falken, Eulen, Schlangen, Wiesel, Füchse

Lebensspanne: 2–5 Jahre

Burunduks können problemlos auf Bäume klettern, aber die meiste Zeit **VERBRINGEN SIE AM BODEN AUF DER SUCHE** nach Samen, Nüssen, Pilzen, Beeren und Insekten.

Fit für den Winter

Jeden Herbst sammelt der Burunduk bis zu 3,5 kg Futter, um damit über den kalten Winter zu kommen. Wo lagert er all die Leckereien? In einem unterirdischen Bau. Dieser kann bis zu 1,5 m tief und 2 m lang sein. Neben dem Lagerraum gibt es dort eine Kammer für sein Nest und eine Toilette.

Sind die Backen eines Burunduks gefüllt, können sie jeweils etwa anderthalb mal so so groß sein wie sein Kopf!

EXTRAFIES!

Burunduks nagen auch an Schlangenhäuten und naschen Schlangenkot. Sie reiben das weich gekaute Zeug in ihr Fell ein. Eine weitere Methode, um ihren Eigengeruch mit dem scharfen Gestank der Schlange zu überdecken.

MORAFKA-WÜSTEN-SCHILDKRÖTE

TRICKKISTE

WAS FÄLLT DIR ALS ERSTES AUF, wenn du diese Schildkröte siehst? Der Panzer natürlich! Das harte Haus schützt seine Besitzerin vor vielen Raubtieren. Aber für die gewaltigen Zähne eines Pumas oder die scharfen Krallen eines Adlers ist das kein großes Problem. Was also kann die Schildkröte tun, wenn sie diese Feinde bemerkt? Erstarren! Solange sie unbeweglich bleibt, könnte der Räuber sie für einen Stein halten.

Falls das nicht klappt, hat das einfallsreiche Reptil einen weiteren Trick auf Lager: Sobald ein Feind nach ihr greift, erleichtert sich die Schildkröte. Ja wirklich! Sie bepinkelt den Angreifer. Igitt! Da türmt wohl jeder Feind.

STECKBRIEF

Habitat: Sonora-Wüste

Größe: 25–35 cm

Gewicht: bis zu 5 kg

Fressfeinde: Kojoten, Pumas, Steinadler

Lebensspanne: bis zu 80 Jahre

Die Morafka-Wüstenschildkröte kann **IN SCHWÜLWARMEN WÜSTEN AUCH IM HEISSEN SOMMER ÜBERLEBEN**. Sie zieht das nötige Wasser aus ihrer Nahrung, die aus Gras, Kakteen und Blumen besteht.

Trautes Heim

Wie bewältigen die Schildkröten eine solche Hitze? Sie graben sich eine Höhle. Die genialen Baumeister sind in der Lage, bis zu 2 m tiefe Bauten anzulegen. In diesen feuchten und kühlen Höhlen verbringen sie fast ihr ganzes Leben.

Der Eingang in den Bau einer Wüstenschildkröte ist oft unter einem Felsvorsprung versteckt.

EXTRAFIES!

Das Weibchen legt 4 bis 12 Eier, vergräbt sie und pinkelt auf die darüber angehäufte Erde. Der stinkende Urin verhindert, dass hungrige Füchse und Echsen die Eier riechen können.

PAZIFISCHER SCHLEIMAAL

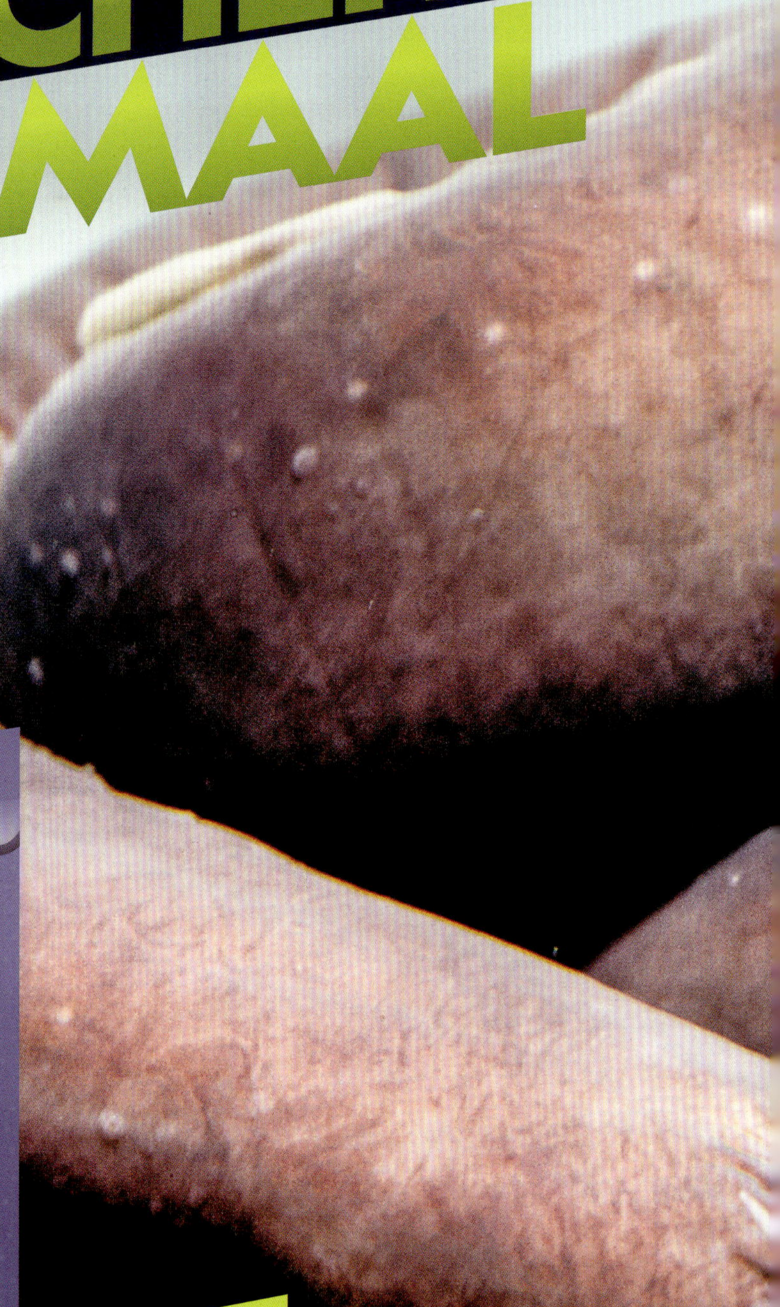

ZEIT FÜR SCHLEIM!

WER HAT FÜNF HERZEN, ABER KEINEN MAGEN? Wer kann zwar verwesenden Fisch aus 1,5 km Entfernung riechen, aber ist fast blind?

Diese merkwürdige Kreatur verbringt ihre Tage damit, auf der Suche nach Seewürmern und anderen leckeren Häppchen über den Meeresgrund zu kriechen. Wenn sie dabei auf einen sterbenden Fisch trifft, gleitet sie hinein und frisst ihn von innen auf.

Du findest das ekelhaft? Dann hör dir erst einmal an, wie sich ein Schleimaal gegen Feinde wehrt. Wenn ein größerer Fisch angreift, sickern klebrige Tropfen glitschigen Schleims aus seiner Haut. Dieser eklig stinkende Rotz verstopft die Kiemen des Feindes, sodass er kaum noch atmen kann. Während der glücklose Jäger versucht, sich vom Schleim zu befreien, bringt sich der Aal in Sicherheit.

STECKBRIEF

Habitat: schlammiger Meeresgrund

Größe: 40 cm

Gewicht: 1–1,5 kg

Fressfeinde: Haie und andere große Fische, Seehunde

Lebensspanne: 40 Jahre

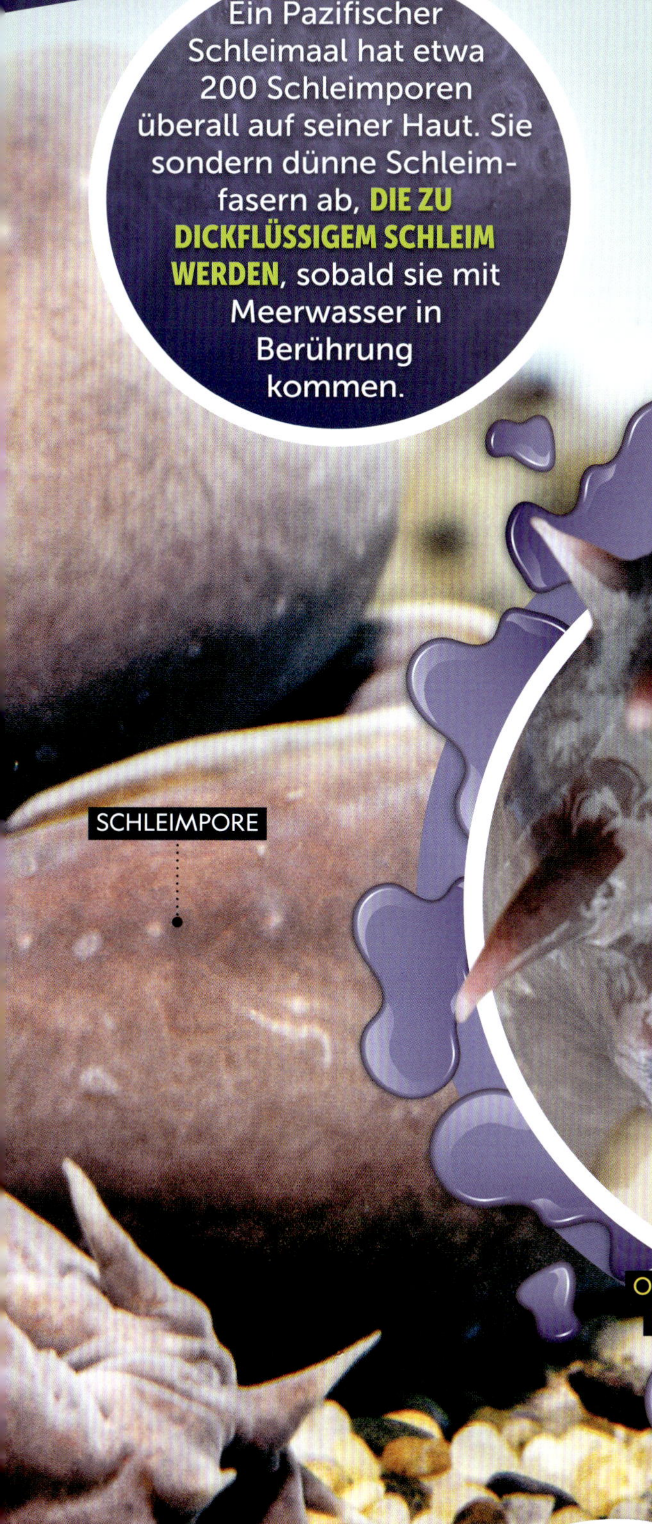

Ein Pazifischer Schleimaal hat etwa 200 Schleimporen überall auf seiner Haut. Sie sondern dünne Schleimfasern ab, **DIE ZU DICKFLÜSSIGEM SCHLEIM WERDEN**, sobald sie mit Meerwasser in Berührung kommen.

Aus ganz alter Zeit

Schleimaale leben seit mindestens 300 Millionen Jahren auf der Erde. Sie schwammen also 70 Millionen Jahre, bevor die Dinosaurier auftauchten, in unseren Meeren.

Diese primitiven Kreaturen haben weder Knochen noch Zähne. Stattdessen besitzen sie zahnähnliche Strukturen aus dem Material, aus dem auch deine Fingernägel sind.

Obwohl der Schleimaal keine richtigen Zähne hat, kann er Seewürmer kauen und Fleisch von toten Fischen schaben.

EXTRAFIES!

Schleimaale ernähren sich von großen Kadavern, etwa von toten Walen. Sie sondern Schleim ins Wasser ab, der innerhalb von ein paar Augenblicken eine Wolke bildet und andere Tiere daran hindert, sich am Festmahl zu beteiligen.

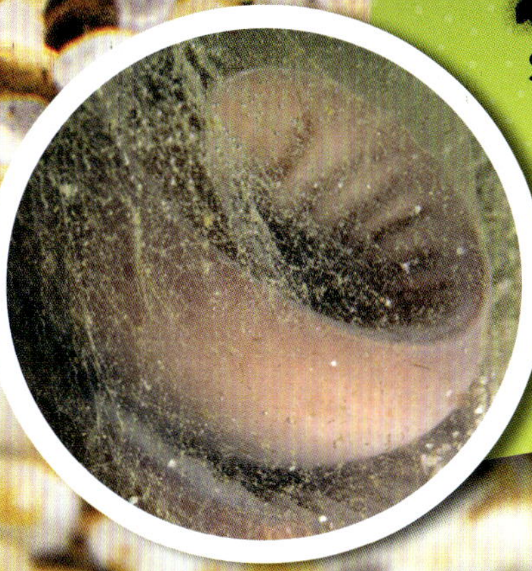

TIEFSEE-OSTRAKODE

BLAUER DUNST

GANZ UNTEN IN DEN TIEFEN DES MEERES kann ein kleines Licht eine wirklich große Sache sein. Tiefsee-Ostrakoden wissen das ganz genau. Deshalb haben diese winzigen Muschelkrebse einen genialen Überlebenstrick.

Sobald ein hungriger Kardinalfisch einen Muschelkrebs verschlungen hat, produziert dieser glibbrig schimmernden Schleim, der den Fisch beleuchtet. Oje! Der erschrockene Fisch spuckt den Krebs sofort wieder aus. Schließlich hat er selbst genug Feinde. Das Letzte. was er gebrauchen kann, ist ein helles, blaues Licht, das weithin sichtbar verkündet: „Hier gibt's was zu essen, greift ruhig zu!"

Sobald der Muschelkrebs entkommen ist, produziert er weiterhin Schleim und umrundet den Kardinalfisch, um die Aufmerksamkeit von sich selbst abzulenken.

STECKBRIEF

Habitat: Tiefsee

Größe: 1 cm

Gewicht: unbekannt

Fressfeinde: Kardinalfisch, Trompetenfisch, Stöcker, Laternenfisch

Lebensspanne: unbekannt

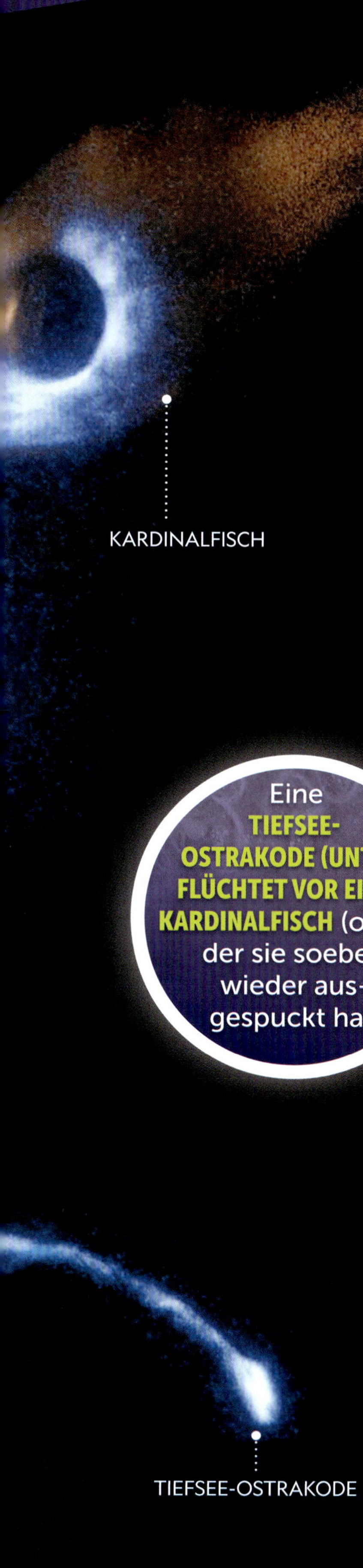

Eine **TIEFSEE-OSTRAKODE (UNTEN) FLÜCHTET VOR EINEM KARDINALFISCH** (oben), der sie soeben wieder ausgespuckt hat.

Der größte Teil des sackartigen Körpers einer Ostrakode ist mit Wasser gefüllt. Oben hat sie zwei große Augen, außerdem ein Herz und einen Verdauungstrakt.

🤔 Ich sehe dich

Dank einer durchsichtigen äußeren Schale kann man leicht beobachten, was sich im Körper einer Ostrakode so alles befindet. Zwei große Augen helfen dem kleinen Raubtier, Beute bei trübem Licht aufzuspüren. Was frisst es? Noch kleinere Tierchen wie Ruderfußkrebse, Pfeilwürmer und frisch geschlüpfte Fische.

🤢 EXTRAFIES!

Was haben eine Tiefsee-Ostrakode und eine Süßwasserschnecke namens Latia gemeinsam? Leuchtenden Schleim! Sobald ein Fisch angreift, wird grüngelber Schleim aus ihren Poren abgesondert. Die Wasserströmung verbreitet den Schleim und der verstörte Fisch folgt dem Pfad des schimmernden Lichts. Auf Wiedersehen, du Trottel!

NORD-OPOSSUM

PELZIGER SCHWINDLER

DU GLAUBST, DIESES OPOSSUM IST TOT? DA BIST DU NICHT ALLEIN. Die meisten Angreifer glauben das auch. Aber das ist nur ein Trick. Dieser haarige Schwindler hätte einen Preis für seine Schauspielkunst verdient.

Ein Opossum kann nicht schnell laufen und ist oft deutlich zu sehen, also plumpst es bei Gefahr auf eine Seite und stellt sich tot. Herzschlag und Atmung verlangsamen sich. Grüner Schleim kann aus seinem Körper treten und den Geruch von verwesendem Fleisch verbreiten.

Die meisten hungrigen Jäger sind auf frisches Fleisch aus. Durch schlichtes Totstellen gaukelt das Opossum anderen Raubtieren vor, es handele sich um eine schlechte Mahlzeit.

STECKBRIEF

Habitat: Wälder, Felder, Sümpfe

Größe: 70–75 cm

Gewicht: 2–3 kg

Fressfeinde: Füchse, Kojoten, Falken, Eulen

Lebensspanne: 2 Jahre

Ein Nord-
opossum kann
sich bis zu
sechs Stunden
TOT STELLEN.

Im Beutel verpackt

Opossums sind die einzigen Beuteltiere Nordamerikas. Wie ihre Verwandten, die Kängurus oder Koalas, kommen sie blind und nackt zur Welt. Als Allererstes krabbeln sie über das Fell ihrer Mutter in den Beutel an ihrem Bauch – ein Horrortrip für die bohnengroßen Babys. Die Jungen bleiben über zwei Monate in dem schützenden Beutel. Weitere vier Monate reisen sie per Anhalter auf dem Rücken ihrer Mutter.

Diese pelzige Familie gibt dem Begriff „Backpacker" eine ganz neue Bedeutung. Eine Opossum-Mama kann bis zu 13 Jungtiere mit sich herumtragen.

EXTRAFIES!

Ein Opossum ist ein Allesfresser. Es frisst Früchte, Insekten, Würmer, Vogeleier, Küken, Frösche, Schlangen.

Doch das ist nicht alles! Es plündert auch Abfalleimer und vertilgt verwesende Tiere, die beispielsweise von Autos überfahren wurden.

TEXAS-KRÖTEN-ECHSE

SPRITZALARM!

EINE TEXAS-KRÖTENECHSE MAG JA RECHT KLEIN SEIN, ABER SIE WEISS GANZ GENAU, WIE MAN ÜBERLEBT. Bei Gefahr sprintet sie über den Wüstensand davon. Dann macht sie einen abrupten Stopp und legt sich flach auf den Boden. Mit ihrer Sandfarbe ist sie nun kaum noch zu sehen.

Lässt sich der Angreifer aber nicht täuschen, zischt sie wütend und bläst sich zur doppelten Körpergröße auf. Möglicherweise zielt sie mit ihrem Horn und ihren Stacheln nach dem Feind.

Aber was geschieht, wenn sich der hungrige Jäger nicht abschrecken lässt? Keine Sorge! Die Echse hat noch einen Trick auf Lager. Sie verspritzt Blut aus ihren Augenwinkeln. Oh wei! Wenn der Angreifer endlich zurückweicht, macht sie sich aus dem Staub.

STECKBRIEF

Habitat: Wüsten, Buschland

Größe: 5–10 cm

Gewicht: 30–85 g

Fressfeinde: Falken, Eulen, Kuckucks, Schlangen, Kojoten, Rotluchse

Lebensspanne: 5–8 Jahre

Die Texas-Krötenechse **NIMMT MORGENS EIN AUSGIEBIGES SONNENBAD**. Ihre sandfarbenen Schuppen lassen sie mit ihrer Umgebung verschmelzen.

Die Texas-Krötenechse kann aus ihren Augen Blut bis zu 1 m weit verspritzen. Da es ziemlich übel schmeckt, zielt sie auf das Maul ihrer Feinde.

Tröpfchenweise Wasser

In der Wüste regnet es nur selten. Wenn aber ein Gewitter aufzieht, ist die Texas-Krötenechse vorbereitet. Sie biegt ihren Rücken durch, damit sie so viele Tropfen wie möglich auffangen kann. Dann senkt sie den Kopf, damit das kostbare Nass zwischen ihren Schuppen hindurch in ihr Maul fließen kann.

EXTRAFIES!

Du wirst es kaum glauben, aber die Krötenechse ist nicht das einzige Tier, dass zur Verteidigung auf Blut setzt. Wenn ein Raubtier nach einem Blasenkäfer schnappt ... Auweh! Eine Chemikalie im Blut des Käfers brennt im Maul des Angreifers. Falls er den Käfer nicht sofort wieder ausspuckt, bilden sich schmerzhafte Blasen in Mund und Rachen.

Blasenkäfer

EISSTURM-VOGEL

STINKENDE DUSCHE

WENN EISSTURMVOGELELTERN AUF NAHRUNGSSUCHE FLIEGEN, MÜSSEN SICH DIE WINZIGEN KÜKEN ALLEINE DURCHSCHLAGEN. Glücklicherweise sind die Vogelbabys alles andere als hilflos.

Nähert sich ein Tölpel oder eine Raubmöwe dem Nest, reißen die Kleinen ihre Schnäbel auf und bespritzen die Angreifer mit einem Strahl orangefarbener, nach Fisch stinkender Spucke. Die Küken können ein halbes Dutzend Schüsse rasch nacheinander abfeuern und ein fast 2 m entferntes Ziel treffen. *Platsch!* Das Erbrochene ist ölig, bleibt am Angreifer haften und kann die wasserdichte Schicht des Gefieders zerstören. Keine guten Nachrichten für Vögel, die die meiste Zeit ihres Lebens in der Umgebung des Ozeans verbringen.

STECKBRIEF

Habitat: Küstenregionen

Größe: 45 cm

Gewicht: 500–900 g

Fressfeinde: andere Seevögel

Lebensspanne: 30 Jahre

Eissturmvogelküken auf den schottischen Shetlandinseln **VERTEIDIGEN SICH, INDEM SIE IHRE ANGREIFER** mit einer öligen Flüssigkeit bespritzen.

Schnupper doch mal!

Vögel haben keine Nasen wie du, sondern stattdessen zwei Löcher im Schnabel, die Luft und Düfte aufnehmen.

Die meisten Vögel haben keinen guten Geruchssinn, das gilt jedoch nicht für Eissturmvögel. Sie spüren schmackhafte Leckerbissen auch während des Fluges auf. Dann lassen sie sich auf der Wasseroberfläche nieder und schnappen sich ihre Mahlzeit.

Ein Eissturmvogel besitzt zwei röhrenartige Löcher auf seinem Schnabel, durch die er Tintenfische, Quallen, Garnelen und Kadaver aufstöbern kann.

EXTRAFIES!

Ähnlich wie Eissturmvogelküken spucken junge Blauracken fauligen Auswurf aus, wenn ihre Eltern nicht da sind und sie sich in Gefahr wähnen. Aber statt auf ihre Feinde zu zielen, bespritzen sie sich selbst. Der ekelhafte Gestank macht die Babys nicht gerade begehrenswert.

Eine Blauracke kehrt mit Nahrung zu ihrem Nest zurück.

SCHWARZNACKEN-SPEIKOBRA

SPUCK-TAKULÄR

VIELE SCHLANGEN HABEN REISSZÄHNE, ABER NUR EINE SPEIKOBRA IST IN DER LAGE, IHR GIFT DURCH SIE ZU VERSPRÜHEN.

Kommt ihr ein großes Tier wie etwa ein Gnu zu nahe, richtet sich die verschreckte Schlange auf, spreizt ihren Nackenschild und reißt ihr Maul weit auf. Ein Muskel hinter den Augen drückt auf einen Beutel voller Gift, treibt die giftige Flüssigkeit in ihre Zähne und presst sie durch ein winziges Loch nach außen.

Die Schlange zielt mit einer Trefferquote von 80 Prozent auf die Augen des großen Tieres. Das Gift verursacht ein schmerzhaftes Brennen und treibt den Getroffenen in die Flucht.

STECKBRIEF

Habitat: Grasland, Buschland

Größe: 1,2–2 m

Gewicht: 7–9 kg

Fressfeinde: Warane, Schlangenadler, Mungos, Krokodile

Lebensspanne: 20 Jahre

Eine Schwarznacken-Speikobra riecht ihre Beute mit ihrer gespaltenen Zunge.

Eine Schwarznacken-Speikobra kann **IHR GIFT 2,5 M WEIT VERSPRITZEN**. Die widerliche Dusche kann Schwellungen, Blasen und sogar Blindheit verursachen.

Was gibt's zu essen?

Die Speikobra spuckt, wenn sie sich bedroht fühlt, nicht bei der Jagd. Um ein Opfer zu überraschen, versteckt sie sich in einem Loch oder unter einem Strauch. Sobald eine Maus, ein Vogel oder eine Echse vorbeikommt, schnellt der Jäger heraus und ergreift die Beute mit den Zähnen. Das Gift der Schlange schießt in das Tier und lähmt es.

Was passiert als Nächstes? Die Kobra legt sich um ihre Beute, hakt ihre Kiefer aus und würgt die Mahlzeit langsam hinunter.

EXTRAFIES!

Speikobras sind nicht die einzigen Tiere, die sich durch Verspritzen von giftigen Flüssigkeiten schützen. Aber es gibt einen wesentlichen Unterschied: Stinktiere, Zorillas, Bombardierkäfer (Seiten 94–95) und Waldameisen verspritzen ihr Gift mit ihrem Hinterteil.

Stinktierbaby

ASIATISCHER BOMBARDIER-KÄFER

SCHLEIMIGE FLUCHT

ES WAREN EINMAL EIN KÄFER UND EINE KRÖTE. Erwartungsgemäß fährt die hungrige Japanische Erdkröte ihre Zunge aus, schnappt das Insekt und schluckt es herunter. Rülps!

Du hältst das für das Ende dieser wahren Geschichte? Dann lass dich überraschen! Mehr als eine Stunde später würgt die Kröte ihre Mahlzeit als klebrigen Schleimball wieder aus und der in Schleim eingehüllte Käfer krabbelt von dannen.

Wie kann das sein? Unser Held, der Asiatische Bombardierkäfer, gibt nicht so einfach auf, versprüht im Inneren der Kröte eine widerliche, zischend heiße Brühe.

Letztendlich kann die Kröte die Schmerzen nicht mehr ertragen und spuckt ihre Mahlzeit wieder aus.

STECKBRIEF

Habitat: Felder, Wälder

Größe: 2 cm

Gewicht: unbekannt

Fressfeinde: Ameisen, Frösche, Spinnen

Lebensspanne: einige Wochen

Diese Japanische Erdkröte spuckt den Bombardierkäfer nach 88 Minuten wieder aus. Jedes Mal, wenn der Käfer Flüssigkeit versprüht, sind von außen Knackgeräusche zu vernehmen.

Heißer Stoff!

Die siedende Brühe, die der Käfer aus seinem Hinterteil versprüht, ist fast so heiß wie kochendes Wasser. Warum verbrennt sich das Insekt nicht? Weil die Flüssigkeit zwei Bestandteile hat, die in zwei getrennten Beuteln im Körper des Käfers lagern. Die zwei Chemikalien vermischen sich erst, wenn sie an die Luft gelangen.

EXTRAFIES!

Sobald die Bombardierkäferlarve schlüpft, muss sie sich Nahrung suchen. Aber woraus besteht die Mahlzeit ihrer Wahl? Aus der Puppe eines anderen Käfers. Die Larve kriecht in die hilflose Puppe und frisst ihr Opfer von innen auf.

Ein Asiatischer Bombardierkäfer besprüht den Feind mit ätzender Flüssigkeit. **DER KÄFER KANN ETWA 20 MAL FEUERN**, bevor er eine Pause einlegen muss, um weitere Flüssigkeit zu produzieren.

MALAYSISCHE ROSSAMEISE

MIT GIFT BELADEN

DIE MALAYSISCHE HOLZAMEISE MAG ZWAR ZIEMLICH KLEIN SEIN, ABER DAS BEDEUTET NICHT, DASS SIE UNGEFÄHRLICH IST. Zwei mit Gift gefüllte Beutel erstrecken sich längs ihres Körpers.

Greifen andere Ameisen an, macht sich die Rossameise zur Verteidigung ihrer Kolonie bereit. Sie spannt ihre Bauchmuskeln an und es entsteht ein gewaltiger Druck in ihrem Körper bis ... Bumm! Die Ameise explodiert und das Gift spritzt in alle Richtungen. Die klebrige Flüssigkeit heftet sich an Beine und Kiefer ihres Feindes. Es kann den Angreifer sogar an Ort und Stelle verkleben. Innerhalb weniger Minuten ist der Ameisenfeind tot, die Rossameise allerdings auch. Sie hat ihr Leben für ihre Familie und ihr Zuhause geopfert.

STECKBRIEF

Habitat: Regenwald

Größe: 2,5 cm

Gewicht: unbekannt

Fressfeinde: Spinnen, Weberameisen

Lebensspanne: 6–12 Wochen

Malaysische Rossameisen fressen in ihrem heimischen Regenwald eine grüne Zikade (Mitte).

Trautes Heim

Malaysische Rossameisen leben in feuchtem, verrottendem Holz. Mithilfe ihrer starken Kiefer bauen sie ein verzweigtes Tunnelsystem.

Nachts gehen die Ameisen auf Nahrungssuche. Wenn sie ein totes Insekt finden, saugen sie es aus. In ihren Bau zurückgekehrt, würgen sie einen Teil ihrer Nahrung aus und füttern damit ihre Königin und die kleinen Larven.

EXTRAFIES!

Ob du es glaubst oder nicht, aber auch einige Termitenarten explodieren. Wenn ihre Körper in Stücke reißen, tritt eine klebrige, gelbe Flüssigkeit aus.

Die meisten Ameisen einer Kolonie sind weiblich. Sie graben Tunnel, kümmern sich um den Nachwuchs und bewachen ihr Heim. Malaysische Rossameisen, die **DIE NESTER IHRER KOLONIE BEWACHEN**, besitzen Giftbeutel, die von ihrem Hinterleib bis zu den Kiefern reichen.

WESTLICHE HAKENNASEN-NATTER

GASEXPLOSION!

THHHHHHP! WAS IST DAS FÜR EIN GERÄUSCH?

Nein, es ist nicht der Wanderer neben dir, der gerade furzt. Es ist eine Westliche Hakennasennatter, die dir eine wichtige Botschaft sendet: Achtung! Tritt nicht auf mich!

Wenn die glitschige Schlange Angst hat, lässt sie einen fahren. Es klingt wirklich wie ein Furz. Um dieses Warnsignal zu erzeugen, drückt sie einen Luftstrom aus ihrem hinteren Ende. Während das Gas herausspritzt, vibriert die Schlangenkloake hin und her. Manchmal ist der Gasstoß so stark, dass der ganze Körper der Schlange in die Luft schießt und dann wieder herunterfällt.

STECKBRIEF

Habitat: Buschland, Grasland

Größe: 45–60 cm

Gewicht: unbekannt

Fressfeinde: Füchse, Kojoten

Lebensspanne: unbekannt

Westliche Hakennasen-nattern **RUHEN TAGSÜBER UNTER DER ERDE**. Nachts jagen sie Spinnen, Skorpione, Insekten und Tausendfüßler.

Wortspiel?

Wie du dir denken kannst, verdankt die Schlange ihren Namen ihrer hakenförmigen Schnauze. Sie eignet sich perfekt, um sich im lockeren, sandigen Boden unter die Erde zu pflügen.

Wie alle Schlangen nimmt auch die Hakennasen-natter Gerüche über die gespaltene Zunge und nicht durch die Nasenlöcher wahr.

EXTRAFIES!

Eine drohende Arizona-Korallennatter schlägt mit dem Schwanz und erzeugt dadurch ein furzendes Geräusch – genau wie eine Westliche Hakennasennatter. Jeder Schlag ist schneller als ein Wimpernschlag, und das Geräusch ist aus einer Entfernung von bis zu 2 m zu hören.

RAUTEN-SALMLER

WILDER FISCH

AUF DEN ERSTEN BLICK ERSCHEINEN RAUTENSALMLER EHER UNSCHULDIG. Sie schwimmen in Gruppen, sogenannten Schulen, durch die Flüsse. Einige pflücken köstliche Leckerbissen aus dem Wasser, andere knabbern an verrottendem Material am Grund. Aber wenn ein hungriger Seewolf auftaucht, werden die sanftmütigen Salmler plötzlich böse. Sie greifen einen aus ihren Reihen an und treiben den verletzten Artgenossen aus der Schule, was ihn für das Raubtier zu einem leichten Ziel macht.

Während der glückliche Seewolf seine Mahlzeit genießt, schwimmen die restlichen Salmler außer Sichtweite.

STECKBRIEF

Habitat: Flüsse, Bäche, Teiche, Sümpfe

Größe: 15–18 cm

Gewicht: 85 g

Fressfeinde: größere Fische, Reiher

Lebensspanne: 18 Jahre

Fisch im Fressrausch

Ein Salmlerweibchen produziert bis zu 10.000 Eier, die sie gleichzeitig ins Wasser abgibt. Die Jungen schlüpfen alle innerhalb eines Tages. Schon nach wenigen Stunden beginnen sie zu schwimmen und finden zunächst ausreichend Nahrung. Sobald das Nahrungsangebot knapper wird, greifen sie sich gegenseitig an. Ist der Fressrausch vorbei, sind nur noch wenige hundert Salmler übrig.

Erwachsene Rautensalmler leben in Schulen mit bis zu 50 Tieren.

RAUTENSALMLER WERDEN AUCH ALS HAUSTIERE GEHALTEN. Solange sich keine Raubfische im Aquarium befinden, greifen sich die Fische gegenseitig nicht an.

EXTRAFIES!

Glaube bloß nicht, Rautensalmler seien die einzigen Tiere, die sich gegenseitig angreifen, um ihre Überlebenschancen zu erhöhen. Mindestens 1 300 Tierarten, darunter Hamster, Eisbären und Schimpansen, töten Artgenossen, damit sie selbst bessere Überlebenschancen haben.

ATTENTÄTER-WANZE

WIDERLICHE VERKLEIDUNG

SOBALD EINE HUNGRIGE ATTENTÄTERWANZE EINE AMEISE ENTDECKT, GREIFT SIE AN. Zunächst sticht sie das Opfer mit ihren scharfen Mundwerkzeugen. Dann lähmt sie die Beute mit Speichel. Das Innenleben der Ameise verwandelt sich in Brei und die Wanze saugt die Säfte auf. Dann schwingt sie sich das leere Exoskelett der Ameise auf den Rücken. Genau das macht die Attentäterwanze mit jeder erbeuteten Ameise. Mit der Zeit stapeln sich die Kadaver auf ihrem Rücken.

Stell dir vor, du hättest einen Haufen toter Ameisen auf dem Rücken. Seltsam, oder? Aber der Leichenhaufen ist eine kluge Tarnung, denn eine hungrige Springspinne wird die Wanze nicht als Beute erkennen.

STECKBRIEF

Habitat: Wälder, Wiesen

Größe: 1 cm

Gewicht: unbekannt

Fressfeinde: Springspinnen

Lebensspanne: unbekannt

Eine Attentäterwanze kann bis zu 20 leere Ameisenkadaver auf dem Rücken tragen. Ihr Körper produziert **EINE KLEBRIGE SUBSTANZ, DIE DIE AMEISEN ZUSAMMENHÄLT.**

Die erhobenen Vorderbeine dieser Springspinne zeigen, dass sie keine Ameisen mag.

🤔 Die Anti-Spinnen-Lösung

Die leichentragenden Attentäterwanzen jagen auch Käfer und Fliegen, aber sie stapeln nur Ameisen auf ihrem Rücken. Den Grund dafür sehen Wissenschaftler darin, dass Springspinnen keine Ameisen mögen. Sie meiden sie, wann immer sie können. So vertreibt ein unordentlicher Stapel toter Ameisen die Spinnen verlässlich.

🤢 EXTRAFIES!

Attentäterwanzen sind nicht die einzigen Insekten, die auf eine ekelhafte Tarnung setzen. Schwalbenschwanzraupen tarnen sich als Kot. Ja, das stimmt! Sie sehen exakt aus wie Vogelkot. Solange die kleinen Larven sich nicht bewegen, lassen Raubtiere sie in Ruhe.

SCHLUSSWORT

DAS IST NICHT DAS ENDE!

WENN DU DIESES BUCH BIS ZU ENDE GELESEN HAST, BIST DU WIRKLICH NEUGIERIG – UND HAST EINEN STARKEN MAGEN! Herzlichen Glückwunsch! Du hast mehr als 16.000 Wörter gelesen und Dutzende erstaunlicher Tiere kennengelernt. Es ist kaum zu glauben, wie viele Lebewesen etwas tun, das die meisten von uns eklig finden. Aber das ist noch lange nicht alles. Es ist eigentlich nur der Anfang.

Wissenschaftler entdecken und benennen jedes Jahr mindestens 15 000 neue Arten. Sie lernen auch ständig mehr über bekannte Tiere.
Halte also die Augen offen für weitere faszinierende Funde in der Zukunft.

Und wer weiß? Wenn du neugierig und aufmerksam bleibst, wirst du vielleicht etwas Neues entdecken.

GLOSSAR

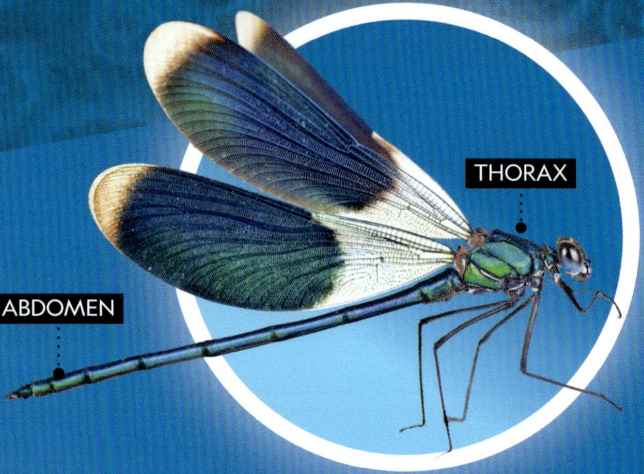

Abdomen—Hinterleib, vor allem bei Insekten

Anus—Körperöffnung, durch die der Kot ausgeschieden wird

auswürgen—erbrechen halb verdauter Nahrung zu Fütterungszwecken

Bakterie—ein winziges, einzelliges Lebewesen, das sich durch Teilung reproduziert

Bau—der Ort, an dem ein Tier lebt

Blase—Körperteil, der den Urin sammelt, bevor er ausgeschieden wird

Caecotrophe—glänzende, weiche Köttel aus halb verdauter Nahrung

Echoortung—Erkennen von Objekten durch Aussenden von Tönen und Informationen aus den Eigenschaften des Echos

Exoskelett—die harte äußere Schicht, die den Körper von Insekten, Spinnen und anderen Gliederfüßern bedeckt

Gift—Substanz, die Krankheiten verursachen oder zum Tod führen kann, wenn ein Lebewesen sie berührt, einatmet oder isst; wird von einigen Tieren im Körper produziert und in Raubtiere oder Beute gespritzt

häuten—um ein altes Exoskelett loszuwerden, das zu klein geworden ist

Kadaver—toter Körper eines Tieres

Kloake—gemeinsamer Ausgang für Darm, Blase und Geschlechtsorgane bei einigen Tieren

Kolonie—Gruppe von zusammenlebenden Tieren

Kot—Ausscheidung, Stuhl

Larve—das zweite Stadium im Leben vieler Käfer, Bienen und Fliegen

lähmen—Lebewesen bewegungsunfähig machen

Made—das zweite Stadium im Leben von Amphibien und Gliederfüßern

Nachkommen—Babys oder Jungtiere

Nährstoff—aus der Nahrung gewonnene Substanzen, die den Körper gesund halten

Nektar—eine zuckerhaltige Flüssigkeit, die viele Blumen produzieren. Sie zieht Insekten und andere Tiere an, die dann die Pollen verbreiten

Nüster—Nasenloch, durch das Landtiere Luft aufnehmen und manche auch riechen können

Nymphe—das zweite Stadium im Leben einiger Insekten

Parasit—Lebewesen, das von einem anderen Lebewesen lebt und dieses als Nahrungsquelle nutzt

Puppe—drittes Stadium im Leben mancher Insekten

Schleim—glitschige Mischung, die der Körper selbst herstellt

Schneidezahn—ein scharfer Vorderzahn, der harte Nahrungsmittel, z. B. Pflanzen, durchtrennt

Speichel—klare Flüssigkeit, die im Mund oder Maul produziert wird

Thorax—der mittlere Körperteil eines Insekts, an dem die Beine befestigt sind

verdampfen—Verwandlung einer Flüssigkeit in Gas

Wiederkäuer—pflanzenfressendes Tier, das halb verdaute Nahrung ins Maul hochwürgt, um sie erneut zu kauen

QUELLEN-VERZEICHNIS

Amazing Animals of the World, Set 1, Volumes 1–10. Danbury, CT: Grolier/Scholastic, 2008.

**Amazing Animals of the World, Set 2, Volumes 1–10.* Danbury, CT: Grolier/Scholastic, 2005.

**Amazing Animals of the World, Set 3, Volumes 1–10.* Danbury, CT: Grolier/Scholastic, 2006.

Animal Diversity Web, animaldiversity.org.

Attenborough, David. *Life in Cold Blood.* Princeton, NJ: Princeton University Press, 2008.

Attenborough, David. *The Life of Mammals.* Princeton, NJ: Princeton University Press, 2002.

Attenborough, David. *Trials of Life: A Natural History of Behavior.* NY: Little, Brown, 1990.

*Bardoe, Cheryl. *Behold the Beautiful Dung Beetle.* Watertown, MA: Charlesbridge, 2014.

Barrat, John. „Scientists in Awe of Huge Olfactory Bulb Found in Turkey Vulture Brain.“ *Smithsonian Insider,* 12. Dezember 2017. insider.si.edu/2017/12/scientists-in-awe-of-huge-olfactory-bulb-found-in-turkey-vulture-brain.

Bates, Mary. „Tongue-Eating Parasites Inspire New Horror Movie.“ American Association for the Advancement of Science, 18. September 2012. aaas.org/blog/qualia/tongue-eating-parasites-inspire-new-horror-movie.

Breed, Michael D., and Janice Moore, eds. *Encyclopedia of Animal Behavior.* Waltham, MA: Academic Press, 2010.

*Carwardine, Mark. *Natural History Museum Book of Animal Records.* Richmond Hill, ON, Canada: Firefly Books, 2013.

Chapman, Demian, et al. „The Behavioural and Genetic Mating System of the Sand Tiger Shark, *Carcharias taurus,* an Intrauterine Cannibal.“ *Biology Letters* 9, no. 3. 23. Juni 2013. royalsocietypublishing.org/doi/10.1098/rsbl.2013.0003.

Crew, Becky. „New Skin-Feeding Amphibian Found in French Guiana.“ *Scientific American,* 17. April 2013. blogs.scientificamerican.com/running-ponies/new-skin-feeding-amphibian-found-in-french-guiana.

Crump, M. L., and J. A. Pounds. „Lethal Parasitism of an Aposematic Anuran (*Atelopus varius*) by *Notochaeta bufonivora* (Diptera: Sarcophagidae).“ *Journal of Parasitology* 71, no. 5 (1985): 588–91.

Dungl, Eveline, zoologische Abteilungsleiterin und Tiertrainerin, Tiergarten Schönbrunn, Wien, Österreich, E-Mail der Autorin, 16. Januar 2019.

„Fish Fireworks: Bioluminescence.“ *Super Senses: The Secret Power of Animals.* BBC, 11. August 2014. bbc.co.uk/programmes/p024mos1.

Glausiuz, Josie. „A Pop a Day Keeps the Predators Away.“ *Discover,* 1. August 2000. discovermagazine.com/2000/aug/breakpop.

Gomati, V., K. Ramasamy, K. Kumar, N. Sivaramaiah, and R. V. R. Mula. „Greenhouse Gas Emissions From Termite Ecosystem.“ *African Journal of Environmental Science and Technology, 2011.* ajol.info/index.php/ajest/article/view/71907.

Grant, Jacqualine Bonnie. „Diversification of Gut Morphology in Caterpillars Is Associated With Defensive Behavior.“ *Journal of Experimental Biology* 209, no. 15 (2006): 3018–24.

Hall, Donald W. „Silver-Spotted Skipper.“ *Featured Creatures.* University of Florida Institute of Food and Agricultural Science, Juni 2011. entnemdept.ufl.edu/creatures/bfly/silver-spotted_skipper.htm.

*Hirsch, Rebecca E. *Exploding Ants and Other Amazing Defenses.* Minneapolis, MN: Lerner, 2017.

„The Incredible Termite Mound.“ PBS, 28. Oktober 2011. pbs.org/wnet/nature/the-animal-house-the-incredible-termite-mound/7222.

*Jenkins, Steve. *The Animal Book: A Collection of the Fastest, Fiercest, Toughest, Cleverest, Shyest and Most Surprising Animals on Earth.* Boston: Houghton Mifflin Harcourt, 2013.

Johnson, J., and K. Hagen. „A Neuropterous Larva Uses an Allomone to Attack Termites.“ *Nature* 289 (1981): 506–07.

*Johnson, Rebecca L. *When Lunch Fights Back.* Minneapolis, MN: Millbrook Press, 2015.

Kobayashi, Tomomichi. „Behavioral Responses of Siberian Chipmunks Toward Conspecifics Applied Snake Scent.“ *Zoological Science* 17, no. 3 (2000): 319–21.

*Kwok, Roberta. „Caecilians: The Other Amphibians.“ *Science News for Students.* May 16, 2012. sciencenewsforstudents.org/article/caecilians-other-amphibian.

Levey, Douglas J., R. Scot Duncan, and Carrie F. Levins. „Use of Dung as a Tool by Burrowing Owls.“ *Nature* 431 (2004): 39.

QUELLEN-VERZEICHNIS
FORTSETZUNG

Margonelli, Lisa. „Collective Mind in the Mound: How Do Termites Build Their Huge Structures?“ *National Geographic*, 1. August 2014. news.nationalgeographic.com/news/2014/07/140731-termites-mounds-insects-entomology-science.

Marshall, Michael. „Zoologger: Traitorous Fish Throw Friends to the Wolves.“ *New Scientist* 219, no. 2926 (2013): 14. newscientist.com/article/dn23852-zoologger-traitorous-fish-throw-friends-to-the-wolves.

McCorquodale, Ariane, Dames P. Cuda, and Sanford D. Porter. „Fire Ant Decapitating Flies.“ *Featured Creatures.* University of Florida Institute of Food and Agricultural Science, April 2017. entnemdept.ufl.edu/creatures/beneficial/flies/ant_decapitating_phorids.htm.

Milius, Susan. „Real Vampires of Planet Earth.“ *Science News* 192, no. 7 (2017): 22–26.

Milius, Susan. „When Mom Serves Herself as Dinner,“ *Science News*, 21. April 2015.

*„Mother-Eating Spiders.“ *NatGeo WILD*, 13. Januar 2014. youtube.com/watch?v=coUd6d3j_6g.

*National Geographic: Animals, nationalgeographic.com/animals.

Nosowitz, Dan. „Why Thousands of New Animal Species Are Still Discovered Each Year.“ Atlas Obscura, 1. Juni 2015. atlasobscura.com/articles/new-animal-species.

Oregon Zoo: Animals, oregonzoo.org/discover/animals.

Schutt, Bill. *Cannibalism.* Chapel Hill, NC: Algonquin Books, 2017.

Simon, Matt. *The Wasp That Brainwashed the Caterpillar: Evolution's Most Unbelievable Solutions to Life's Biggest Problems.* New York: Penguin Books, 2016.

Smith, G., S. T. Trumbo, D. S. Sikes, M. P. Scott, and R. L. Smith. „Host Shift by the Burying Beetle, *Nicrophorus pustulatus*, a Parasitoid of Snake Eggs.“ *Journal of Evolutionary Biology* 20, no. 6 (2007): 2389–99.

Smithsonian National Zoo: Animals, nationalzoo.si.edu/animals.

Soniak, Matt. „11 Bloody Facts About Vampire Bats,“ *Mental Floss*, 11. Oktober 2013. mentalfloss.com/article/53128/11-bloody-facts-about-vampire-bats.

Staab, Michael, Michael Oh, Chao-Dong Zhu, and Alexandra-Maria Klein. „A Unique Nest-Protection Strategy in a New Species of Spider Wasp.“ *PLOS ONE* 9, no. 7 (2. Juli 2014): 9–15.

*Stewart, Melissa. *Do People Really Have Tiny Insects Living in Their Eyelashes? And Other Questions About the Microscopic World.* Minneapolis: Lerner, 2011.

*Stewart, Melissa. *How Do Bees Make Honey?* Tarrytown, NY: Marshall Cavendish, 2009.

Stewart, Melissa, personal observations recorded in nature and travel journals, 1989–heute.

Stromberg, Joseph. „This Insect Uses Its Victims' Carcasses as Camouflage.“ *Smithsonian*, May 8, 2012. smithsonianmag.com/science-nature/this-insect-uses-its-victims-carcasses-as-camouflage-83656246.

Sugiura, Shinji, and Takuya Sato. „Successful Escape of Bombardier Beetles From Predator Digestive Systems.“ *Biology Letters*, 1. Februar 2018. royalsocietypublishing.org/doi/full/10.1098/rsbl.2017.0647.

„Turkey Vulture.“ *Canadian Raptor Conservancy.* canadianraptorconservancy.com/birds_vultures_turkey.php.

Walker, Matt. „Baby Cannibal Spider Gang Makes Web Vibrate in Time.“ *BBC Earth News*, 24. Juni 2010. news.bbc.co.uk/earth/hi/earth_news/newsid_8757000/8757771.stm.

Weeks, Paul. „Red-Billed Oxpeckers: Vampires or Tickbirds.“ *Behavioral Ecology* 11, no. 2 (2010): 154–60.

„‚Zombie Worms‘ Found Off Sweden.“ *BBC News*, 18. Oktober 2005. news.bbc.co.uk/2/hi/4354286.stm.

*Empfohlen für neugierige Kinder

BILDNACHWEIS

Umschlag: (Spinne), Arco Images GmbH/Alamy Stock Photo; (Kakerlaken), James H. Robinson/Science Source; (Opossum), All Canada Photos/Alamy Stock Photo; (Mistkäfer), Neal Cooper/Dreamstime; (Mistkäfer vertikal), efendy/Shutterstock; (Schleichenlurche), Hilary Jeffkins/Nature Picture Library; (Bienen), Andia/Alamy Stock Photo; (Florida-Waldkaninchen), Rolf Nussbaumer Photography/Alamy Stock Photo; (Kaka-Emoji), Igor/Shutterstock; (Hintergrund grüne Bläschen), Saravudh Sudkh/Shutterstock; (grüner Schleim), Lenovo/Shutterstock; **Spine:** (Fliege von oben), Konrad Wothe/Minden Pictures; **Umschlagrückseite:** (Papageienfisch), Ito Fukuo/Nature Production/Minden Pictures; (erbrechender Eissturmvogel), Jouan Rius/Nature Picture Library; (Fleischfliege von der Seite), Malcolm Schuyl/Minden Pictures; **Innenteil:** mehrfach (Monokel-Emoji), Stock Vector/Shutterstock; mehrfach (denkendes Emoji), cougarsan/Shutterstock; mehrfach (Gedankenblase), Sonicka/Shutterstock; mehrfach (erbrechendes Emoji), ober-art/Shutterstock; mehrfach (Kakerlaken), James H. Robinson/Science Source; mehrfach (Schleimblasen-Hintergrund), Saravudh Sudkhaw/Shutterstock; mehrfach (Wassertropfen/Spritzer), Tornado design/Shutterstock; 1 (erbrechender Eissturmvogel), Jouan Rius/Nature Picture Library; 2 (l. o.), Tony Heald/Nature Picture Library; 2 (r. o.), Hilary Jeffkins/Nature Picture Library; 2 (M.), Bruno Guenard/Biosphoto/Minden Pictures; 2 (l. u.), Arco Images GmbH/Alamy Stock Photo; 2 (M. u.), Stefan Petru Andronache/Shutterstock; 2 (r. u.), John Abbott/Nature Picture Library; 3 (o.), CHROMORANGE/Gunter Fischer/Alamy Stock Photo; 3 (l. u.), Heini Wehrle/BIA/Minden Pictures; 3 (r. u.), Gabriel Meilhac/Biosphoto; 4 (u.), Andia/Alamy Stock Photo; 5 (o.), Paulo Oliveira/Alamy Stock Photo; 5 (u.), BIOSPHOTO/Alamy Stock Photo; 6, Suzi Eszterhas/Minden Pictures; 7 (o.), Konrad Wothe/Minden Pictures; 7 (u.), National Geographic Image Collection; 8–9 (Bienen), Daniel Prudek/Shutterstock; 9, Andia/Alamy Stock Photo; 10–11, Cyril Ruoso/Biosphoto; 11 (o.), Roselynne/Shutterstock; 11 (u.), Kevin Xu Photography/Shutterstock; 12–13, Katherine Feng/Minden Pictures; 13 (o.), Xinhua/Alamy Stock Photo; 13 (u.), Mitsuaki Iwago/Minden Pictures; 14–15, Sari ONeal/Shutterstock; 15 (o.), Daniel Borzynski/Alamy Stock Photo; 15 (u.), CHROMORANGE/Gunter Fischer/Alamy Stock Photo; 16–17, Julianna Olah/iStockphoto/Getty Images; 17 (o.), Discovery Access/Getty Images; 17 (u.), Eric Buermeyer/Shutterstock; 18–19, Michel & Christine Denis-Huot/Biosphoto; 19 (o.), Suzi Eszterhas/ARDEA; 19 (u.), Attila JANDI/Shutterstock; 20–21, DENIS-HUOT Michel/hemis.fr RM/Getty Images; 21 (o.), Harriet S/Shutterstock; 21 (u.), Travel Stock/Shutterstock; 22–23, Andia/Alamy Stock Photo; 23 (o.), Gabriel Meilhac/Biosphoto; 23 (u.), A. & J. Visage/Photolibrary RM/Getty Images; 24–25, James Niland; 25 (o.), Cynthia Bingham Keiser; 25 (u.), George D. Lepp/Science Source; 26–27, Jim Clare/Nature Picture Library; 27, Nature Picture Library/Alamy Stock Photo; 28–29, Juergen & Christine Sohns/Minden Pictures; 29 (u.), Carol Polich/Lonely Planet Images/Getty Images; 29 (u.), Heini Wehrle/BIA/Minden Pictures; 30–31, Abbott Nature Photography; 31, Matthew Bertone; 32–33, Nigel Cattlin/FLPA/Minden Pictures; 33, ErikKarits/iStockphoto/Getty Images; 34–35, Hilary Jeffkins/Nature Picture Library; 35 (o.), Daniel Heuclin/Nature Picture Library; 35 (u.), Maximilian Weinzierl/Alamy Stock Photo; 36–37, Ken Preston-Mafham/PREMAPHOTOS/Nature Picture Library; 37 (o.), BLANCHOT Philippe/age fotostock; 37 (u.), MYN/Gil Wizen/NPL/Minden Pictures; 38–39, Steve Woods Photography/Cultura RF/Getty Images; 39 (o.), Bruno Guenard/Biosphoto/Minden Pictures; 39 (u.), Roberto Nistri/Alamy Stock Photo; 40–41, Chris Young/PA Images/Getty Images; 41, Paulo Oliveira/Alamy Stock Photo; 42–43, Claudio Contreras/Nature Picture Library; 43 (o), moose henderson/Alamy Stock Photo; 43 (LO), Arterra/Johan De Meester/Universal Images Group via Getty Images/Getty Images; 44–45, Piotr Naskrecki/Minden Pictures; 45, Vincent Grafhorst/Minden Pictures; 46–47, Bartosz Hadyniak/E+/Getty Images; 47 (o.), Oxford Scientific/Photodisc/Getty Images; 47 (M.), Piotr Naskrecki/Minden Pictures; 47 (u.), Nigel Pavitt/John Warburton-Lee Photography Ltd/Getty Images; 48–49, Konrad Wothe/Minden Pictures; 49 (o.), Duncan Murrell/Nature Picture Library; 49 (u.), powershot/iStockphoto/Getty Images; 50–51, Paulo Oliveira/Alamy Stock Photo; 51, PA Images/Alamy Stock Photo; 52–53, Stephen Trumbo; 53 (o.), John Abbott/Nature Picture Library; 53 (u.), S and D and K Maslowski/FLPA/Minden Pictures; 54–55, Thomas Dahlgren & Adrian Glover; 55 (o.), mit freundlicher Genehmigung des Monterey Bay Aquarium Research Institute © 2003 MBARI; 55 (u.), Adrian Glover & Thomas Dahlgren; 56–57, Buddy Mays/Alamy Stock Photo; 57 (o.), Julio Betancourt/NPS; 57 (u.), Rolf Kopfle/Photolibrary RM/Getty Images; 58–59, MECKES/OTTAWA/Eye of Science/Science Source; 59 (o.), Roungchai/iStockphoto/Getty Images; 59 (u.), Oliver Meckes/Eye of Science/Science Source; 60–61, MECKES/OTTAWA/Eye of Science/Science Source; 61 (o.), Dr P. Marazzi/Science Source; 61 (u.), Science Picture Co/Science Source; 62–63, Ito Fukuo/Nature Production/Minden Pictures; 63, Georgette Douwma/Nature Picture Library; 64–65, Daniel Heuclin/Nature Picture Library; 65, Tom McHugh/Science Source; 66–67, Michael Staab; 67 (o. M.), Staab M, Ohl M, Zhu C-D, Klein A-M (2014) A Unique Nest-Protection Strategy in a New Species of Spider Wasp. PLoS ONE 9(7): e101592.; 67 (o. r.), Staab M, Ohl M, Zhu C-D, Klein A-M (2014) A Unique Nest-Protection Strategy in a New Species of Spider Wasp. PLoS ONE 9(7): e101592.; 68–69, Arterra Picture Library/Alamy Stock Photo; 69 (o.), Michael and Patricia Fogden/Minden Pictures; 69 (u.), Alberto Ghizzi Panizza/Biosphoto/Minden Pictures; 70–71, schankz/Shutterstock; 71, BIOSPHOTO/Alamy Stock Photo; 72–73, George Grall/National Geographic Image Collection; 73 (o.), Kim Taylor/Nature Picture Library; 73 (u.), Horace Tan; 74–75, Nicolas Cegalerba/Biosphoto; 75 (o.), Nicolas Cegalerba/Biosphoto/Minden Pictures; 75 (u.), Christine Hanrahan; 76–77, Mcmaster Studio/Alamy Stock Photo; 77 (o.), Barry Freeman/Alamy Stock Photo; 77 (u.), Nuttakit Sirirutwaraton/Shutterstock; 78–79, Lesley van Loo/NiS/Minden Pictures; 79, Toshiaki Ida/Nature Production/Minden Pictures; 80–81, Irina K/Shutterstock; 81, Taylor Edwards; 82–83, Tom McHugh/Science Source; 83 (o.), Frank Fennema/Shutterstock; 83 (u.), Brandon Cole/Biosphoto; 84–85, Martin Dohrn/Nature Picture Library; 85 (o.), David Shale/Nature Picture Library; 85 (u.), Angus McIntosh; 86–87, Joe McDonald/Corbis Documentary/Getty Images; 87, ARCO/Nature Picture Library; 88–89, Nature's Images/Science Source; 89 (o.), National Geographic Image Collection; 89 (u.), National Geographic Image Collection/Alamy Stock Photo; 90–91, Jouan Rius/Nature Picture Library; 91 (o.), blickwinkel/Alamy Stock Photo; 91 (u.), John Gooday/NiS/Minden Pictures; 92–93, Digital Vision/Getty Images; 93 (o.), Michael D. Kern/Nature Picture Library; 93 (u.), Bildagentur Zoonar GmbH/Shutterstock; 94–95, Satoshi Kuribayashi/Nature Production/Minden Pictures; 95, Shinji Sugiura; 96–97, Mark Moffett/Minden Pictures; 97, Chien Lee/Minden Pictures; 98–99, Barry Mansell/Nature Picture Library; 99 (o.), Joel Sartore, National Geographic Photo Ark/National Geographic Image Collection; 99 (u.), James H. Robinson/Science Source; 100–101, Johnny Jensen; 101 (o.), Klaus Balzano/iStockphoto/Getty Images; 101 (u.), imageBROKER RF/Getty Images; 102–103, BIOSPHOTO/Alamy Stock Photo; 103 (o.), Husni Che Ngah/Biosphoto; 103 (u.), Tyler Fox/Shutterstock; 104–105, Oleksandr Lytvynenko/Shutterstock; 106 (o.), Subbotina Anna/Shutterstock; 106 (M.), Nature Picture Library/Alamy Stock Photo; 106 (u.), Michel Rauch/Biosphoto; 112 (o.), efendy/Shutterstock

REGISTER

Abbildungen sind fett gedruckt.

Für Jack
und Emma
—M.S.

Seit ihrer Gründung 1888 hat sich die National Geographic Society weltweit an mehr als 13.000 Expeditionen, Forschungs- und Schutzprojekten beteiligt. Die Gesellschaft erhält Fördermittel von National Geographic Partners LLC, unterstützt unter anderem durch Ihren Kauf. Ein Teil der Einnahmen dieses Buches hilft uns bei der lebenswichtigen Arbeit zur Bewahrung unserer Welt. Das legendäre NATIONAL GEOGRAPHIC-Magazin erscheint monatlich. Darin veröffentlichen namhafte Fotografen ihre Bilder und renommierte Autoren berichten aus nahezu allen Wissensgebieten der Welt. National Geographic im TV ist ein Premium Dokumentations-Sender, der ein informatives und unterhaltsames Programm rund um die Themen Wissenschaft, Technik, Geschichte und Weltkulturen bereithält.
Falls Sie mehr über National Geographic wissen wollen, besuchen Sie unsere Website unter www.nationalgeographic.de

Titel der Originalausgabe: *Ick! - Delightfully Disgusting Animal Dinners, Dwellings, and Defenses*

Published by White Star s.r.l. (Mailand) under license from National Geographic Partners, LLC.

NATIONAL GEOGRAPHIC and Yellow Border Design are trademarks of the National Geographic Society, used under license.

ISBN 978-88-540-4666-5
1 2 3 4 5 6 24 23 22 21 20

Gedruckt von Rotolito S.p.A. - Seggiano di Pioltello (MI), Italien

Übersetzung: Annette Ostlaender
Lektorat: Brigitta Kook

Umschlag-Design von Brett Challos
Gestaltet von Dawn McFadin, Fan Works Design

Autorin und Herausgeber bedanken sich beim Buchteam: Shelby Lees, Projektredakteur; Lori Epstein, Bildredaktion; Hillary Leo, Bildredaktion; Brett Challos, Art Director; Dawn McFadin, Layout; Michelle Harris, Recherche; Alix Inchausti, Herstellung; Anne LeongSon und Gus Tello, Design- und Herstellungsassistenz.